조직문화의 힘
컬쳐캔버스

조직문화의 힘
컬쳐캔버스

초판 1쇄 2023년 5월 15일

발 행 일 | 2023년 5월 15일
지 은 이 | 손창훈
디 자 인 | 이 현
펴 낸 이 | 김경민
펴 낸 곳 | (주)가인지캠퍼스

출판등록 | 2016년 12월 22일 제2022-000252호
주　　소 | 서울시 마포구 토정로 16 2층 가인지벙커
전　　화 | T. 02) 337-0691
팩　　스 | T. 02) 337-0691
홈페이지 | www.gainge.com
이 메 일 | gainge.cs@gainge.com
I S B N | 979-11-91662-10-8 (13320)

* 파본이나 잘못된 책은 구입하신 곳에서 교환해 드립니다.
* 이 책의 저작권은 가인지컨설팅그룹에 있습니다.
　 이 책 내용의 전부 또는 일부를 재사용하려면 반드시 서면 동의를 받아야 합니다.
* 이 도서의 국립중앙도서관 출판예정도서목록(CIP)은
　 서지정보유통지원시스템 홈페이지 (http://seoji.nl.go.kr)와
　 국가자료공동목록시스템(http://www.nl.go.kr/kolisnet)에서 이용하실 수 있습니다.

값 18,000원

조직문화의 힘

컬쳐 캔버스

Culture Canvas

손창훈 지음

가인지 컨설팅그룹

프롤로그

글로벌 OTT 서비스의 선두주자가 있습니다. 바로 넷플릭스입니다. 미국 CNN은 미국 내 황금 시간 인터넷 트래픽의 3분의 1을 넷플릭스가 사용하고 있다고 밝혔습니다. 국내에서도 넷플릭스의 강세는 여전합니다. 정보통신연구원은 지난해 넷플릭스의 시청시간 점유율이 국내 OTT 서비스 중 가장 높았으며 차상위 서비스와 상당한 격차가 존재했다는 분석을 내놓았습니다. 넷플릭스는 공룡 콘텐츠들로 사랑받고 있으며 도전적인 성과를 창출해가는 기업 중 한 곳입니다.

넷플릭스의 성과를 일으키는 원동력으로 다양한 이유를 꼽을 수 있습니다. 그 중 우리가 주목해야 할 것은 넷플릭스 특유의 조직문화입니다. 가족이 아닌 스포츠팀을 지향하며 개인의 탁월한 역량을 발휘하게 하는 조직문화, 그 정수는 '자유와 책임'이라 이름 붙여진 125페이지의 컬쳐북에서 찾을 수 있습니다. 한 기업의 컬쳐북을 보면 그 기업만의 조직문화와 철학 그리고 에너지를 느낄 수 있습니다. 그렇기 때문에 컬쳐북은 기업을 대표하는 얼굴입니다.

이 책은 컬쳐북에 대한 이야기입니다. 컬쳐북은 문화를 뜻하는 'Culture'와 책이라는 의미인 'Book'이 합쳐진 신조어이며 단어의 의미로 살펴보면, 기업의 조직 문화를 보기 좋게, 실행하기 좋게 기록한 책이라 정리해 볼 수 있습니다.

다소 생소할 수 있는 개념인 컬쳐북은 이미 아마존, 구글 등의 글로벌 기업에서는 성공적으로 정착해 신입직원들의 온보딩에 적극 활용되고 있으며 한국도 이미 많은 기업들이 각자만의 컬쳐북을 제작하고 있습니다.

책의 서론에서는 '컬쳐북이란 무엇인가'에서 시작해 '왜 컬쳐북을 제작해야 하는지'를 알려드리겠습니다. 또한 컬쳐북 제작 전 조직문화 콘텐츠를 정리해볼 수 있는 강력한 도구 '컬쳐캔버스'를 소개하겠습니다.

책의 본론에서는 사례중심으로 기업별 컬쳐북 사례를 준비했습니다. 50개 기업의 컬쳐북 사례를 통해 각 컬쳐북의 특징과 인사이트를 확인하겠습니다. 우리 기업이 적용할 수 있는 부분을 반드시 얻어가십시오. 이 책은 자료의 조사와 취합에 가인지컨설팅그룹 유하림, 임수아, 조예지 연구원의 수고가 컸습니다. 이 책이 수 많은 기업, 특히 언더백(U-100)기업에서 조직문화 관점의 관심과 논의가 많아지기를 기대하며, 이분들의 수고에 대한 보답이 되었으면 합니다.

경영자분들과 조직문화 컨설팅을 할 때마다 경영자분들의 입에서 컬쳐북 이야기가 자연스럽게 나옵니다. 그만큼 조직문화의 기록물이 중요해졌음을 체감합니다. 최근 컬쳐북을 제작하는 과정을 보면 제작과정과 결과물을 구성원과 함께 공유하고 콘텐츠를 함께 만들어가는 현장을 자주 보게 됩니다.

기업의 사명과 비전, 핵심가치, 행동양식, 일하는 방식 등을 함께 수립하고 컬쳐북 내의 내용들을 함께 채워 나갑니다. 이런 현장을 만날 때마다 참 기쁘고 감사합니다. 왜냐하면 구성원들의 참여를 통해 제작된 컬쳐북은 생명력과 지속력을 가지기 때문입니다.

컬쳐북을 제작하여 조직문화를 이끌어가는 기업들의 공통점이 있었습니다. 바로 공동의 목표를 중심으로 자율성과 주도적인 문화를 선호하며 조직의 가치, 철학, 문화들을 내, 외부 고객들과 꾸준히 소통하는 의지였습니다. 많은 기업의 컬쳐북 제작이 소통을 통해 일어나기를 바랍니다.

컬쳐북을 제작하기 전 조직을 먼저 이해할 필요가 있습니다. 조직의 다양한 콘텐츠가 담긴 책이기 때문에 그렇습니다. 조직이란 공동의 목표를 함께 달성한 사람들이 모인 집단을 의미하며 이 집단 안에서 경영자의 철학을 바탕으로 생겨나는 문화들이 역사성과 지속가능성이 더해져 조직문화가 되어 갑니다. 조직의 단위 중 큰 조직으로 살펴보면 어떤 요소가 있는지 알 수 있습니다. 큰 조직, 국가를 예시로 알아보겠습니다. 국가를 구성하는 3요소가 있습니다. 바로 국민, 영토, 주권입니다.

국민은 사람을 의미하고 조직에서는 구성원들을 의미합니다. 영토는 공간을 의미하며, 회사에서 일하는 공간, 즉 사무실을 의미할 수 있습니다. 그리고 주권입니다. 주권의 부분을 컬쳐북에서는 특별히 주목하고 있습니다.

공동의 목표를 달성하기 위해 모인 조직에서는 질서와 합의, 원칙이 필요합니다. 국가에서는 이를 위해 '헌법'을 규정하고 있습니다. 헌법은 국가의 근본 규범과 기본 원리를 담고 있으면서 동시에 법률이 헌법에 근거하기 때문에, 상징성만이 아닌 법적 실체성을 지닙니다.

컬쳐북은 또 다른 이름으로 '기업의 문화와 핵심 가치를 포함한 법전'이라고도 불립니다. 또한 기업의 '근본 규범과 원리를 담고 있는 헌법'으로도 감히 부르고 싶습니다. 그렇기 때문에 컬쳐북을 제작한다는 것은 구성원들의 합의와 선포가 필요합니다.

컬쳐북은 눈에 보이는 제도나 업무 방식부터 시작하여, 눈에 보이지 않는 회사의 핵심 가치 등 회사에서 일어나는 거의 모든 것을 기록하였다 해도 과언이 아닙니다. 그렇기 때문에 기업의 설립에서 발전까지의 모든 역사와 문화가 컬쳐북을 통해 정리가 되고 기업의 현재와 미래의 구성원들과 공유할 공유가치의 핵심이 될 수 있습니다.

이 책을 통해 컬쳐북의 중요성을 느끼시기를 바랍니다. 그리고 조직문화를 정리하고 우리 기업만의 컬쳐북을 제작해 보시기 바랍니다. 조직문화의 힘 컬쳐캔버스는 조직문화를 기록하고 정리하는 시작이 될 것입니다.

50개 기업의 컬쳐북 행진을 통해 큰 인사이트 얻어 가시기 바라며 조직문화의 힘찬 여정을 떠나봅시다. 조직문화의 힘 컬쳐캔버스 지금 시작합니다.

2023년 4월
손창훈

목차

* 프롤로그   6

Part 1   조직문화의 힘, 컬쳐캔버스

01   컬쳐북은 무엇인가?   16
02   컬쳐북 맛보기   23
03   우리 회사에 '왜' 필요할까?   36
04   컬쳐북 제작 전 알아야 할 7가지   40
05   실천 컬쳐캔버스   46

Part 2   보다 주도적인 문화를 표방하라
해외 유통업 사례

01   Microsoft 출신 프로게이머의 게임 회사
      밸브 코퍼레이션 [Valve Corporation]   69

02   글로벌 전기차 충전 플랫폼
      비리타 [VIRTA]   76

03   미국 대표 통신사 T-Mobile의 리셀러
      웨어리스 비전 [Wireless vision]   82

Part 3 변화와 혁신을 반영하라
해외 IT / 콘텐츠 사례

01 글로벌 온라인 핸드메이드 마켓 플레이스 93
   엣시 [Etsy]

02 아마존이 선택한 신발, 의류 전문 온라인 판매업체 98
   자포스 [Zappos]

03 시뮬레이션 소프트웨어 핵심 기업 105
   앤시스 [Ansys]

Part 4 인류를 발전시키는 사명감
해외 빅테크 사례

01 세계 최대 검색 엔진 113
   구글 [Google]

02 이 기업 모르면 외계인 120
   아마존 [Amazon]

03 글로벌 1위 OTT 플랫폼 126
   넷플릭스 [Netflix]

Part 5   직원들이 참여하는 문화
해외 마케팅 사례

01   세계적인 광고 회사가 된 프랑스 IT 기업   135
      크리테오 [CRITEO]

02   AI 기반의 대만 100대 기업   140
      아이칼라 [ikala]

03   디지털 마케팅 에이전시   148
      엑셀레이션 파트너스 [Acceleration partners]

Part 6   구체적인 행동양식을 제시하라
국내 사례

01   의류의 하루배송 시대 여성 쇼핑 어플 1위   157
      브랜디

02   글로벌 1위 알람 어플 '알라미' 개발사   164
      딜라이트룸

03   브랜드를 기록하는 디자인회사   173
      애프터모멘트

Part 7　**지속가능한 문화**
　　　　　국내 사례

　　01　컴퓨터 화면 속에 형광펜을 긋다　　　　　　　　　　　　185
　　　　'라이너'의 아우름플래닛
　　02　라이프스타일에 가치를 더하는 광고 플랫폼 기업　　　　192
　　　　버즈빌
　　03　'비즈니스는 사랑이다'를 외치는 컨설팅 회사　　　　　　200
　　　　가인지컨설팅그룹

Appendix　**별첨**

　　01　컬쳐북 행진　　　　　　　　　　　　　　　　　　　　　208
　　02　컬쳐캔버스　　　　　　　　　　　　　　　　　　　　　274
　　03　컬쳐북 진단도구　　　　　　　　　　　　　　　　　　　280

　　✳　에필로그　　　　　　　　　　　　　　　　　　　　　　288
　　✳　참고자료　　　　　　　　　　　　　　　　　　　　　　294

Part 1

조직문화의 힘,
컬쳐캔버스

The Power of
Organizational
Culture

언제나 순서는 가인지입니다.
먼저 조직의 가치와 문화를 세우고
그 다음이 인재를 준비하고
그리고 지식으로 성과를 내는 것입니다.

김경민 가인지컨설팅그룹 대표

01
컬쳐북은 무엇인가?

컬쳐북은 문화를 뜻하는 'Culture'와 책이라는 의미인 'Book'이 합쳐진 신조어이며 단어의 의미로 살펴보면, 기업의 조직 문화를 보기 좋게, 실행하기 좋게 기록한 책이라 정리해 볼 수 있습니다. 컬쳐북이란 용어는 이제 한국에서 정착하기 시작한 단어입니다. 문자 그대로 해석하면 조직의 문화를 적은 책, 일종의 기록물이지만 컬쳐북에는 단순히 문화만을 담는 것이 아니라 구성원들의 행동 지침을 포함한 우리의 철학과 가치 등 다양한 요소들이 들어갈 수 있습니다.

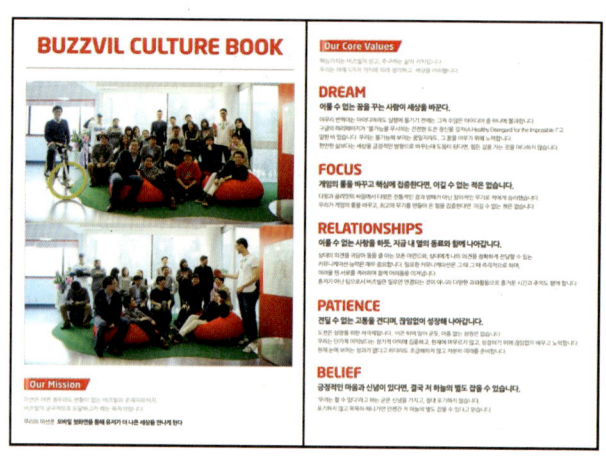

버즈빌의 첫번째 컬쳐북 [1]

---

[1] 버즈빌, BUZZVILL, https://www.buzzvil.com/ko/blog/view/383.

조직이란 공통된 목표를 가진 사람들을 한데 묶은 집단입니다. 주목해야 할 것은 공통된 목표가 있다는 점입니다. 경영자는 늘 우리 기업은 어떤 조직인지 고민해야 할 필요가 있습니다. 명확한 공통 목표가 있는지, 단지 집단으로만 묶여 있는 것은 아닌지 점검하는 태도가 중요합니다.

공통된 목표를 달성해 가는 조직일수록 질서가 중요하고, 그 질서를 유지해 가는 다양한 원칙들이 있습니다. 그리고 그 원칙들을 정리해 둔 것이 바로 컬쳐북입니다.

컬쳐북에는 어떤 내용들이 들어갈까?

컬쳐북에 어떤 내용이 들어가야 할까? 라는 궁금증이 있다면 아래 4가지 정보를 확인해 봅시다.

첫 번째로, 기업의 철학입니다. 우리는 왜 모였는가? 에 대한 답이 될 수 있습니다. 우리 회사가 어떤 기업인지 답할 수 있어야 합니다. 구성원의 수, 혹은 사무실의 위치로 답변할 수도 있겠지만 조금 더 근본적인 기업의 철학은 우리 회사는 왜 설립되었는가? 에 대한 답변입니다. '모든 비즈니스는 반드시 위대한 미션에서부터 출발해야 한다.' 경영학의 아버지 피터 드러커의 어록에서 시작해 기업의 존재 이유, 우리가 꿈꾸는 비전, 그리고 가장 중요하게 생각하는 핵심가치와 같은 철학을 말할 수 있어야 합니다.

다음으로 필요한 두 번째 정보는 행동 강령입니다. 우리는 누구이며 어떤 행동들을 통해 성과를 창출하는가? 에 대한 내용입니다. 경영자와 리더들이 중요하게 생각하는 핵심가치가 행동화 되는 것이 중요합니다. 핵심가치는 눈에 보이지 않지만, 행동은 눈을 통해 볼 수 있습니다. 우리는 구성원들이 어떻게 행동하는가를 통해 그 조직의 가치를 엿볼 수 있습니다. 이는 핵심습관, 혹은 일하는 방식으로도 불립니다. 우리가 중요하게 여기는 핵심가치가 살아 움직이기 위해서는 행동으로 표현된 강령이 필요합니다.

세 번째로 그라운드 룰이 있어야 합니다. 우리는 어떻게 일하는가? 에 대한 내용입니다. 업무 프로세스나 소통 방법, 공동으로 사용하는 업무툴, 성과를 관리하는 법 등을 통해 현재 수행하고 있는 업무들을 정리할 필요가 있습니다.

컬쳐북에 필요한 마지막 정보는 말 그대로 컬쳐입니다. 컬쳐는 기업의 설립때부터 지속적으로 강화되어진 우리만의 일하는 방식, 팀의 스피릿, 복지제도, 문화활동 등을 통해 이루어지며 컬쳐가 정리되면 될수록 기업의 역사성이 강화되고 지속 가능한 문화들을 이어갈 수 있습니다. 이는 조직에 대한 구성원들의 자부심과 업무 효율성을 높여줍니다.

컬쳐북 제작에도 단계가 있습니다.

컬쳐북을 제작하기만 하면 조직문화가 멋지게 바뀔까요? 그렇지 않을 겁니다. 조직문화의 힘은, 구성원들의 공감과 실행을 통해 생겨나기 마련입니다. 생동감이 있는 컬쳐북 제작을 원하신다면 구성원들과 조직문화에 대한 중요성을 공유해야 합니다. 구성원들의 인식과 공감을 바탕으로 컬쳐북이 제작되기를 바랍니다. 그에 맞는 컬쳐북 제작 단계를 소개합니다.

가장 먼저는 우리의 조직문화를 정리해 보는 것입니다. 경영자의 철학을 되돌아보고 우리가 가지고 있는 문화와 콘텐츠들을 수집해 보십시오. 그러면 어떤 순서대로 우리의 문화를 기록해야 할지 흐름이 보일 것입니다. 기존의 자료들만 모아보아도 웬만한 콘텐츠는 나올 겁니다. 그리고 나서 컬쳐북의 형태를 고민합니다. 만약 PPT로 제작을 한다면 가로형으로 제작할지, 세로형으로 제작할지, 또 우리의 브랜딩 컨셉에 맞는 컬러, 폰트, 레이아웃 등 가시성을 높여줄 요소를 고민합니다. 이것이 컬쳐북 제작의 틀과 안에 내용을 담을 그릇을 준비하는 단계입니다. 콘텐츠를 정리하여 목차를 정하고 그 목차에 맞는 콘텐츠를 배치하는 작업이 진행될 겁니다. 이렇게 순서대로 우리 조직문화를 정리한 책 한 권을 만들어 가시면 됩니다.

그러나 단순한 제작에 그치지 않고 생동감 있는 컬쳐북을 원한다면 제작 단계에서부터 구성원들의 인식과 공감을 만들어야 합니다. 그러기 위해서는 컬쳐북에 대한 목적과 의미를 알려야 합니다. 알리는 방법은 여러 가지가 있지만 그중 강력한 방법으로 '오프닝 세레머니'를 추천합니다. 오프닝 세레머니는 조직문화를 함께 만들어 가자는 의미의 행사입니다.

컬쳐북을 만드는 것이 단순히 경영자와 경영지원팀 혹은 인사팀만의 일로 여겨지면 안 됩니다. 구성원 모두가 조직문화에 관심을 갖고 우리 조직이 문화를 정리하고 이것을 기록물로 만들어간다는 것을 알아야 합니다. 전체 구성원들이 인식하고 공감하는 것은 앞으로 컬쳐북을 활용할 때 아주 중요한 포인트가 될 것입니다. 지속 가능한 컬쳐북 활용에 시작이기도 합니다. 오프닝 세레머니는 구성원들이 모일 수 있는 시간, 타운홀 미팅 시간 때 짧게는 5분에서 길게는 30분 동안 우리가 조직문화를 점검하고 앞으로 수호해 갈 문화들을 기록물로 정리하고 활용하겠다는 안내를 하면 됩니다. 컬쳐북의 목적과 활용 방안 그리고 시작을 알리는 축하의 시간을 가지면 됩니다. 만약 오프라인으로 모이기 힘들다면 온라인으로도 진행할 수 있습니다. 영상을 사전에 녹화하여 공유하는 세레머니가 가능합니다. 이 외에도 선물과 함께 포스터, 레터 등 표현물을 통해 구성원에게 전달할 수 있습니다.

이렇게 세레머니가 마치면 구성원들을 직접 만나 우리의 조직문화에 대한 나눔을 이어갈 수 있습니다. 기존의 자료 수집과 더불어 직원들과의 인터뷰 혹은 티타임을 통해 우리의 일하는 방식, 우리의 문화, 우리가 중요하게 여기는 것들을 나누고 정리하는 것입니다. 이렇게 정리된 콘텐츠를 가지고 컬쳐북을 제작하시면 됩니다. 기존의 자료만을 수집하여 컬쳐북을 제작할 수 있습니다. 그러나 시간이 조금 더 걸리더라도 구성원에게 컬쳐북 제작의 목적을 알리고 제작과정에 참여시키는 것은 컬쳐북의 생기를 불러 일으키는 과정입니다. 컬쳐북을 구성원들과 함께 제작해 가는 여정이 늘어나기를 바랍니다.

컬쳐북을 제작했다면 이제는 활용해야 합니다.

컬쳐북을 제작했는데, 어떻게 활용할지 궁금하시다면 다음 4가지로 컬쳐북을 활용해 보시기 바랍니다.

첫 번째는 채용을 위한 좋은 마케팅 도구로 사용할 수 있습니다.
구직자들에게 그 기업의 깊은 문화와 일하는 방식을 전달할 수 있는 방식이 바로 컬쳐북입니다. 채용공고문이나 기업 홈페이지를 통해 기업의 컬쳐북을 공개하여, 지원 전 기업의 정보와 문화를 자연스럽게 노출해 주는 것입니다. 매력적인 콘텐츠와 활동들, 일하는 방식이 노출된 컬쳐북을 본 지원자는 자연스레 지원서를 제출하게 됩니다. 채용은 마케팅이라는 말이 생겨날 정도로 채용 전쟁의 시대입니다. A급 인재를 확보하고 모셔 오기 위해 우리의 문화를 정리하여 미래의 인재들을 위한 마케팅 도구로 활용해 보십시오.

두 번째는 신규 입사자 온보딩 용입니다.
컬쳐북은 기업의 조직문화를 기록해 둔 책이기 때문에 신규 입사자는 컬쳐북을 정독하는 것만으로도 빨리 조직문화를 이해하고, 핏을 맞춰 나갈 수 있습니다. 입사 첫날 신규 입사자가 팀장과 나눠야 할 대화는 컬쳐북 내의 내용을 기반으로 한 질문과 답변이 될 수 있습니다. 이것이 자연스러운 조직이라면 신규 입사자가 온보딩하는 데 문화를 빠르게 이해할 수 있는 단계로 넘어온 것입니다.

세 번째는 교육용입니다.
컬쳐북은 신입사원뿐 아니라 경력직 사원들을 위해서 교육용으로도 사용됩니다. 기업 내 교육 담당자가 OJT 시간이나 따로 교육 시간을 할애하여 컬쳐북 속 우리 기업의 조직문화를 교육할 수 있습니다. 컬쳐북은 교재가 되어줍니다. 컬쳐북 안에 있는 내용을 퀴즈의 형태로 제작하여 퀴즈게임을 할 수도 있고, 컬쳐북 내에 하나의 주제를 가지고 그 의미와 실천 방안을 토의하고 실천 방안까지 도출해 내는 워크숍으로도 풀어갈 수 있습니다. 컬쳐북은 우리 조직문화를 이해하고 학습할 수 있는 가장 좋은 교재가 될 것입니다.

네 번째는 제품으로 사용할 수 있습니다.

컬쳐북은 구직자와 내부 직원만을 위한 기록물이 아닙니다. 컬쳐북은 말 그대로 우리 기업의 정체성이 담겨있는 책입니다. 아주 소중하고 의미 있는 책입니다. 우리의 제품이 컬쳐북과 함께 전달된다면 어떨까요? 제품의 브랜드 가치와 더불어 이 브랜드를 제공하는 기업의 가치까지 더해져 더욱 상위의 브랜드 가치를 고객들은 인지하게 될 것입니다. 다른 측면으로는 제품과 서비스를 투자받는 투자유치용으로도 사용될 수 있습니다. 컬쳐북은 그 자체로서 가치를 지니는 제품이기 때문에 그렇습니다. 좋은 기업의 브랜드가 고객들로부터 더 사랑받는 시대입니다. 우리 기업의 좋은 조직문화들을 만들어 가면서 궁극적으로는 고객가치 창출을 돕는 제품으로까지 함께 활용해 가는 방법도 있습니다.

실리콘밸리에서 가장 중요한 자료, 컬쳐북

페이스북 공동창업자인 세릴 샌드버그 전 대표는 컬쳐북을 실리콘밸리에서 가장 중요한 자료라고 평한 바 있습니다. 컬쳐북을 만든다는 것은 경영자가 다시 한번 자신의 철학과 기업의 방향을 점검한다는 것과 일맥상통합니다. 기업의 제품이나 서비스, 공유하는 가치, 회사의 브랜딩을 정리하고 구성원들과 함께 공감을 나누는 과정에서 잘 짜인 컬쳐북이 탄생하게 됩니다. 실리콘밸리에서 컬쳐북이 중요한 이유 중 하나는 인재의 이동입니다.

수많은 인재가 기업 대 기업으로 이동해 가고 있으며, 각자의 커리어를 개발해 가고 있습니다. 기업의 성장과 더불어 개인의 의미, 성장, 즐거움을 위해 가슴 뛰는 미션과 비전, 핵심 가치에 들어맞는 기업을 찾기 위해 인재들은 많은 노력을 기울입니다.

컬쳐북은 인재들을 확보하고 정착시키는 데 필요한 매력적인 기록물이 되고 있습니다. 컬쳐북을 통해 기업의 전체적인 문화와 일하는 방식을 사전에 알 수 있으며, 기업에 입사한 후 컬쳐북을 정독하며 해당 기업의 문화를 빠르게 이해하고 정착하는 데 큰 도움을 주고 있습니다. 이것이 실리콘밸리에서 컬쳐북이 중요해진 이유 중 하나입니다.

02
컬쳐북 맛보기

앞서 컬쳐북이 무엇인지를 알아보았습니다. 컬쳐북 맛보기에서는 3개 기업의 사례를 통해 기업별로 컬쳐북의 내용은 어떤 특징을 가지고 있는지 확인해 보겠습니다.

넷플릭스 : 7개의 슬라이드를 통해 컬쳐북 알아보기

대중에게 소개된 가장 유명한 컬쳐북은 넷플릭스의 컬쳐북 '자유와 책임'이 아닐까 합니다. 125개의 슬라이드로 구성되어 있으며 가장 유명하고 많이 알려진 컬쳐북인 만큼 모든 슬라이드의 내용이 기업의 주요한 내용을 담고 있습니다. 자유와 책임의 7개의 슬라이드를 소개하며 넷플릭스는 컬쳐북에 어떤 요소들을 넣었는지 확인해 보겠습니다.

> **NETFLIX**
>
> 회사에서 진정한 가치는
> 단순히 좋아 보이는 것이 아니라,
> 보상과 승진, 그리고 해고와 같은
> 결과로 나타난다.

Netflix, 「자유와 책임」, 6p [2]

넷플릭스 컬쳐북의 대다수는 흰 화면에 가독성 있는 메시지를 던집니다. 다양한 디자인으로 화려하게 표현하지는 않았지만, 넷플릭스가 지니고 있는 브랜딩 컨셉과 철학이 페이지에서도 드러납니다. 빅테크 기업들의 컬쳐북 특징은 심플함 속 강력한 메시지인 것 같습니다. '회사에서 진정한 가치는 단순히 좋아 보이는 것이 아니라, 보상과 승진, 그리고 해고와 같은 결과로 나타난다.' 넷플릭스의 철학과 가치가 단순히 무형의 가치가 아닌 인사제도와 평가 그리고 직접적인 보상으로 연결됨을 알려줍니다. 자연스럽게 넷플릭스의 핵심가치와 성과가 연결됨을 의식하게 만듭니다. 이렇듯 기업이 전달하고자 하는 메시지를 기업의 철학과 톤에 맞게 표현하고 있습니다. 이어서 각 슬라이드가 표현하는 바를 확인해 보겠습니다.

---

[2] Netflix, *Netflix Culture: Freedom & Responsibility*, 황석인 외 4인 역, 2015.

> **NETFLIX**
>
> # The Keeper Test
>
> 내 직원이 두 달 뒤,
> 경쟁사에서 일하기 위해 떠난다고
> 말하면 그 사람을 KEEP하기 위해
> 노력할 것인가?

Netflix, 「자유와 책임」, 30p [2]

넷플릭스의 인사제도 및 정책을 알려줍니다. 그 유명한 넷플릭스의 '키퍼 테스트'입니다. 최고 수준의 인재가 계속해서 유입되는 기업인만큼 성과의 기준, 함께 일하고 싶은 동료인지를 다음과 같은 질문으로 점검합니다. "내 직원이 두 달 뒤, 경쟁사에서 일하기 위해 떠난다고 말하면 그 사람을 KEEP 하기 위해 노력할 것인가?" 이 슬라이드를 통해 넷플릭스의 인사철학과 성과의 기준을 엿볼 수 있습니다.

> **NETFLIX**
>
> ### 열심히 일하는 것 – 중요치 않음
>
> - 효율성이 중요하다. (노력이 아니라)
> - 우리는 당신이 얼마나 주말을 희생하는지 신경 쓰지 않는다.
> - 그보단 당신이 얼마나 많이, 빠르게, 잘 일을 마치는지가 중요하다(특히 마감일까지)

Netflix, 「자유와 책임」, 35p [2]

넷플릭스가 추구하는 일하는 방식을 알려줍니다. 열심히 일하는 것은 중요하지 않고 효율성이 중요하다고 표현하고 있습니다. 구성원이 목표에 집중하고 효율적으로 일해야 함을 강조합니다. 또한 결과 중심의 성과를 제 시간 안에 달성해야 함을 알려 주는 메시지로 여겨집니다. '우리는 당신이 얼마나 주말을 희생하는지 신경 쓰지 않는다'의 메시지를 보면 업무의 시간보다는 업무의 효율성을 더욱 중요시 여긴다는 것을 간접적으로 느낄 수 있습니다. 목표 중심의 조직이라는 것이 느껴지는 대목입니다.

NETFLIX

우리가 탁월함에 열광하는 이유

탁월한 팀은 절차적 업무에선
평균보다 2배의 성과를 내지만,
창의적인 업무에선 평균보다 10배의 성과를 낸다.

따라서 탁월한 팀엔
거대한 프리미엄이 붙는다.

Netflix, 「자유와 책임」, 37p [2]

넷플릭스가 지향하는 팀 스피릿을 알려줍니다. '탁월함'에 집중하는 이유는 기존에 하던 방식과 절차가 아닌 새로운 도전과 창의적인 아이디어를 통해 기존에 없던 방식과 결과물을 만들어 낼 수 있다고 믿기 때문입니다. 혁신이란 기존에 방식에서 벗어나 시도하지 않았던 것을 발견하여 시도하는 것에서 시작된다고 합니다. 넷플릭스가 만들어가는 혁신은 기존의 절차를 벗어나 새로운 시도와 도전을 하는 탁월함에 있는 것 같습니다. 넷플릭스의 성과내는 팀의 모습이 눈에 보입니다.

NETFLIX

> 매니저: 당신의 사람 중 한 명이
> 바보같은 일을 했어도 비난하지 마라
>
> 대신에,
> 당신이 전달하지 못한 맥락이 무엇이었는지
> 스스로 질문하라

Netflix, 「자유와 책임」, 84p [2]

넷플릭스의 성과습관을 안내합니다. 넷플릭스는 외부요인에 집중하는 것보다 행동요인에 집중하는 조직임을 알 수 있습니다. 누군가 실수를 했을 때 외부요인에서 문제를 발견한다면 당연히 그 사람을 탓하고 비난할 것입니다. 그러나 행동 요인, 즉 내가 할 수 있었던 행동 혹은 내가 하지 않았던 행동은 무엇이었는지를 점검해보면 그 원인과 문제를 상대방이 아닌 나에게서 발견할 수 있습니다. 이것은 행동에 집중하는 조직의 일하는 방식입니다. 이 메시지를 넷플릭스는 '누군가 바보 같은 일을 했을 때 비난하지 말고 내가 전달하지 못한 맥락이 무엇이었는지 스스로 질문하라' 이야기합니다. 타인에게서 원인을 찾기보다는 나에게서 원인을 찾는 성과습관이 엿보이는 부분입니다.

> **NETFLIX**
>
> ### 고도로 정렬하고 느슨하게 결합하라
>
> 고도로 정렬
> - 전략과 목표는 명확하고 조직 모두에게 이해돼야 함
> - 팀 상호 작용은 전략과 목표에 집중해야 함
> - 투명하고 유연하며 통찰력 있으려면 관리(management)에 많은 시간을 기울여야 한다.
>
> 느슨한 결합
> - 서로 다른 업무 간의 미팅은 최소화
> - 그룹 간의 신뢰(빠르게 행동할 수 있다)
> - 리더는 적절한 시각으로 상황과 협동으로 활동에 참여해야 한다.
> - 유기성을 높이는 사후 검토는 필수적이다

Netflix, 「자유와 책임」, 94p [2]

넷플릭스의 일하는 방식, 성과내는 방식을 안내합니다. 전사의 목표에 각 팀이 얼라인될 수 있는 고도의 정렬을 강조하고 느슨한 결합을 강조하며 서로 다른 업무 간의 미팅은 최소화하고 그룹 간의 신뢰를 통해 성과에 집중하게 합니다. 성과를 내는 방식에 방향성을 제시하면서 구성원들이 우리가 성과내는 방식은 어때야 하는지를 알게 합니다.

> **NETFLIX**
>
> ### 승진을 위한 3가지 조건 사항
>
> 1. 업무가 그만큼 많아야 한다.
> 2. 현재의 일에서 두각을 나타내야 한다.
> 3. 우리의 문화와 가치를 탁월하게 나타내는 '롤 모델'이어야 한다.

Netflix, 「자유와 책임」, 117p [2]

넷플릭스의 리더 인재상을 3가지로 표현하고 있습니다. 먼저 업무가 그만큼 많아야 한다고 합니다. 업무가 많다는 건 그만큼 일을 해낼 수 있는 역량이 있음을 의미합니다. 또한 업무만 많은 것이 아닌 업무에서 성과까지 창출 해야함을 알려줍니다. 마지막 우리의 문화와 가치를 탁월하게 나타내는 '롤 모델' 이어야 한다는 의미는 조직의 핵심 가치를 수호해 가는 본이 되는 사람이어야 한다는 것을 의미합니다. 넷플릭스에서의 리더는 역량을 갖춰 성과를 달성하고 조직의 핵심가치를 수호해가는 사람으로 여겨집니다. 넷플릭스는 승진이 갖는 무게를 3가지 조건 사항을 통해 메시지로 던집니다. 해당 역할에 대해 그 사람은 준비가 되었는지 혹은 우리 기업의 문화와 가치의 본이 되는지를 표현해 줍니다.

이 7개의 슬라이드는 각각 넷플릭스가 추구하는 바가 무엇인지 넷플릭스의 문화언어로 명료하게 말하고 있습니다. 넷플릭스의 일하는 방식, 인재상, 인사제도, 성과습관 등 구성원들이 알아야 할 핵심내용을 125페이지로 표현했습니다. 중요한 것은 이 모두가 공통으로 넷플릭스라는 기업의 '철학'을 알려주고 있다는 점입니다. 행동에 대한 철학을 알고 있을 때 구성원들은 의미 없는 규정에 얽매이지 않고 궁극적인 목표를 추구할 수 있습니다. 해당 부분에서 우리 기업은 어떻게 행동하고 있는지 생각해 보는 것도 각자에게 새로운 인사이트를 줄 것입니다.

물론 넷플릭스의 컬쳐북은 수많은 기업 문화 중 하나일 뿐이고 유명한 컬쳐북이라는 점이 최고의 품질을 증명해주지는 않습니다. 그렇지만 기업의 컬쳐북을 읽는 것은 새로운 시각에서 우리 기업의 관행을 바라볼 기회를 제공합니다. 이를 위한 연습으로 계속해서 다음 기업, 아마존이 선택한 온라인 신발·의류 판매업체 Zappos의 컬쳐북을 펼쳐보겠습니다.

Zappos : 구성원들이 우리의 조직문화입니다.

"우린 최고의 문화를 얻기 위해
단기 이익이나 매출성장은 기꺼이 포기하려 합니다."

이 말이 한 기업의 CEO 입에서 나왔다면 믿어지십니까? 이 인물이 바로 자포스의 CEO인 토니 셰이입니다. 아마존이 선택한 신발과 의류를 판매하는 온라인 소매기업인 자포스는 아주 특별한 조직문화와 그만큼 특별한 컬쳐북을 가진 기업입니다.

2019년, 토니 셰이는 Zappos의 직원들과 함께 책 'The Power of WOW'를 출간했습니다. 구성원들이 직접 참여해 비즈니스와 인생에서 배운 교훈이 온전히 담겨있는 컬쳐북을 만들어낸 것입니다. 한 단락에서 Zappos는 같은 목표를 가진 구성원들과 함께, 재미있고 강력한 조직 문화에 기반을 둔 기업이 된 것이 자랑스럽다 말합니다. Zappos의 목표는 직원들이 자기 일을 직업이나 경력이 아니라 소명으로 생각하는 것이며 조직 문화와 직원의 행복이 지속 가능할 때 비로소 비즈니스가 의미가 있다는 말 또한 거침없이 내뱉습니다.

오늘날 Zappos는 새로운 센터를 개설하고 3자리 수의 CS 직원과 함께 New balance, Nike와 같은 글로벌 브랜드와 지속적인 협업 관계를 구축해가고 있습니다. 특히 고객과 직원이 동시에 만족하고 성취감을 얻을 수 있다는 Zappos의 조직문화는 고객 경험의 수준을 완벽히 새로운 곳까지 끌어올렸다는 평가를 받고 있습니다.

Zappos의 컬쳐북 [3]

Zappos 컬쳐북의 가장 큰 특징은 구성원들의 사진으로 도배가 되어 있다는 점입니다. 구성원들과 진행했던 활동, 행사, 이벤트 등이 사진으로 표현되어 있으며 그에 따른 설명들이 재밌게 표현되어 있습니다. 특히 밝은 얼굴의 구성원들 사진을 보면 Zappos의 조직문화 분위기와 에너지를 엿볼 수 있습니다. 컬쳐북을 통해 구성원과 함께 즐거운 일터를 만들어가고 있음이 느껴집니다.

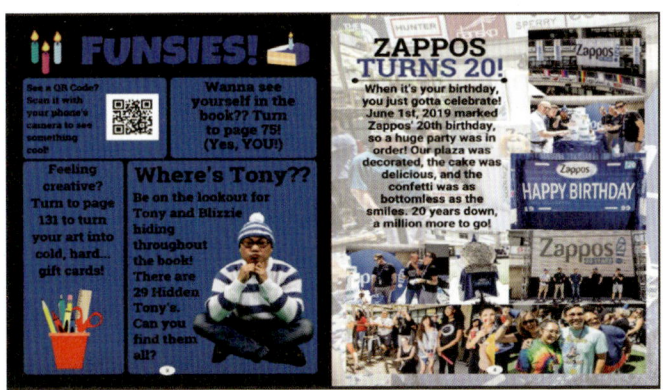

Zappos의 컬쳐북 [3]

---

[3] Fearless Culture, *Mapping Zappos' fun, weird culture*, 2019.

Zappos의 컬쳐북의 또 다른 특징은 컬쳐북 내에 이벤트가 있다는 점입니다. Zappos의 CEO 토니 셰이가 '월리를 찾아라'의 월리 복장을 입고 컬쳐북 안에서 29개의 토니 셰이를 찾는 이벤트가 컬쳐북에 있습니다. 이는 CEO의 유머러스함과 구성원과 소통하고자 함이 느껴집니다. 또한 구성원들은 29개의 토니 셰이를 찾으면서 컬쳐북을 샅샅이 보게 될 것입니다. 단순한 책을 넘어 구성원과의 소통의 연결고리가 되는 컬쳐북을 느낄 수 있습니다. 컬쳐북을 기록물로서의 기능을 넘어 퀴즈와 서프라이즈 이벤트등을 활용해 즐거움의 요소를 넣을 수 있다는 적용점을 보여주는 사례입니다.

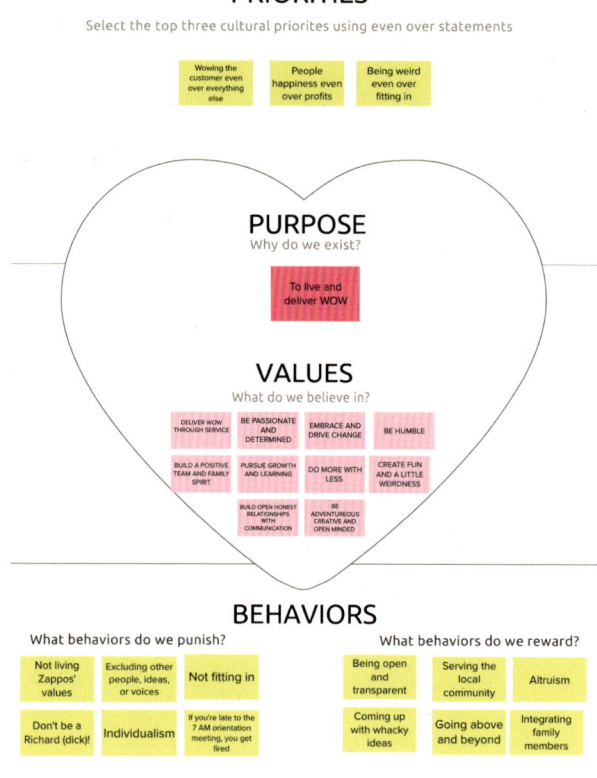

Zappos의 기업 우선순위 및 기업 가치 [4]

---

[4] Fearless Culture, *Mapping Zappos' fun, weird culture*, 2019.

Zappos의 컬쳐북은 가시성 측면에서 배울 점이 많습니다. 기업의 브랜딩 컨셉과 페이지의 이미지들, 표현하는 콘텐츠들이 일관성을 유지하고 있습니다. 전하고자 하는 메시지를 시각적으로 잘 표현한 컬쳐북 사례입니다. 핵심가치를 사용하여 디자인한 재밌는 조직문화는 그 자체로 하나의 브랜드가 되며 기업의 경쟁력이 됩니다. Zappos의 컬쳐북은 브랜드의 컨셉과 시각적 요소들을 컬쳐북에 녹여내는 것이 얼마나 중요한지 보여주는 훌륭한 예시입니다.

브랜디 : 우리의 조직문화를 투명하게 공유합니다.

브랜디의 컬쳐북 [5]

우리나라의 기업도 외국 못지않은 잘 짜인 컬쳐북을 가지고 있습니다. 특히 구글 내 컬쳐북 검색 결과에서 늘 최상단에 있는 브랜디의 컬쳐북을 살펴보려 합니다. 브랜디는 2014년, 서정민 대표가 창업한 여성 패션 쇼핑 앱입니다. 앱 서비스를 운영하는 기

---

[5] 브랜디 Culture deck, BRANDI, https://sites.google.com/brandi.co.kr/culture-deck/%ED%99%88, 2p.

업은 개발에서 마케팅까지 다양한 직군이 긴밀하게 협업하기에 공통적인 커뮤니케이션 룰을 정의하지 않으면 성과를 만들어 내기가 쉽지 않습니다. 브랜디는 이러한 문제를 컬쳐북 제작과 활용을 통해 해결하였고 꾸준한 업데이트로 탄탄하게 유지하고 있습니다.

브랜디 컬쳐북의 장점은 컬쳐북의 목적과 내용을 투명하게 공유했다는 점입니다. 특히 컬쳐북의 독자를 스타트업에 관심있는 분, 브랜디 합류에 고민하고 있는 분, 예비 구성원분이라고 명확하게 기록하여 타깃이 명확함을 알려줍니다. 브랜디의 컬쳐북은 채용에 적극적으로 활용하고 있습니다. 그 안에 일하는 방식을 왜, 어떻게, 누구와, 무슨 일을 하고 싶은 지 세세한 구별을 통해 정리해 두었습니다. 회사가 그동안 이룩했던 성과와 성장 과정 그리고 현재부터 미래에 이르기까지의 역사의 조각을 구성원들이 이해하기 쉽게 명료한 단어로 제시하고 있습니다. 바로 이것이 브랜디에 인재들을 합류하게 한 강력한 힘입니다.

> '브랜디 재직 중', 또는 '브랜디에서 재직하였음'이라는
> 이력서의 한 줄이 브랜디언 여러분의 인생에
> 매우 강하고 긍정적인 영향을 줄 수 있게 만들고자 합니다.

브랜디 컬쳐북의 한 부분입니다. 미사여구로 꾸며져 있지 않습니다. 오히려 담백하리만큼 현실적인 문장입니다. 구성원들에게 브랜디라는 기업의 성장과 자부심을 자연스럽고 의미있게 전달하고 있습니다. 의미를 담은 간결한 언어로 구성원과 소통하는 브랜디의 컬쳐북. 지속해서 업데이트되는 컬쳐북은 내년 혹은 그 이후의 브랜디의 미래를 기대하게 합니다.

브랜디는 컬쳐북을 채용브랜딩으로 적극적으로 활용하고 있음을 알 수 있습니다. MZ시대 인재전쟁이라는 말이 있습니다. A급 인재를 확보하고 채용하기 위해서는 우

리 조직의 가치, 인재상, 성과내는 방식등 사전에 기업의 조직문화를 인지시켜줄 필요성 있습니다. 이것이 채용브랜딩이고 인재를 확보하기 위한 마케팅입니다. 우리조직의 내부 조직문화들을 정리하여 채용브랜딩으로 적극 활용하시기 바랍니다.

03
우리 회사에 왜 필요할까?

구성원 모두가 같은 방향을 보고 달려가자!

기업의 존재목적은 고객가치 창출입니다. 이윤은 그 결과로 따라오는 것입니다. 고객의 니즈와 생소리에 귀 기울이고 그 문제를 해결해가며 지역사회의 새로운 가치를 창출해 내는데 목적이 있습니다. 다양한 구성원들이 조직이라는 이름으로 연결되고 함께 달성하고자 하는 목적과 목표를 위해 열심히 일합니다. 그러나 완벽한 조직이란 존재하지 않습니다. 우리는 다름을 인정해야 합니다. 성별도, 나이도, 성장 배경도, 문화적 특징도 다양한 사람들이 모여서 공동의 목적과 목표를 달성하는 곳이 바로 조직입니다.

조직이 잘 운영되려면 신호등이 필요합니다. 이는 곧 질서입니다. 지금 이 상황에서 가도 되는지, 멈춰야 하는지, 잠깐 기다려야 하는지를 결정함에 있어 내가 하고 싶은 대로만 하면 위험합니다. 조직은 공동체이기 때문에 그렇습니다. 경영자의 철학, 우리의 핵심가치, 우리의 미션, 전반적으로 우리의 문화들을 이해하고 공감한 차원이 높아진다면 구성원들이 현장에서 내리는 의사결정들이 우리 조직문화가 지향하는 길로 갈 가능성이 높아집니다.

이러한 신호등 즉, 질서를 안내하는 무형의 가치들을 기록하는 곳이 바로 컬쳐북입니다. 같은 방향을 바라보고, 즐거운 항해를 원한다면 컬쳐북을 제작해 보시기 바랍니다. 항해의 즐거운 나침반이 되어줄 겁니다.

신입사원이 입사했다!

같은 날 두 회사에 신입사원이 입사했습니다. A 회사의 팀장은 신입사원을 자신의 자리로 부릅니다. '그건 그렇게 하면 안 돼', '내가 신입일 때는 말이야.' 와 같은 일방적인 대화가 이어지고 아침 9시부터 오후 5시까지 일대일로 붙어 업무 인수인계를 진행합니다.

B회사의 신입사원은 입사해서 자리에 앉습니다. 책상 위엔 웰컴키트와 입사 첫날의 구성원을 위한 프로그램이 준비되어 있습니다. 그 옆에는 컬쳐북이라는 책이 놓여 있습니다. 책을 펼치니 경영자의 철학과 기업의 방향성, 지금까지 기업이 걸어왔던 스토리가 적혀 있습니다. 이 신입사원은 점심시간에 팀장과 식사를 하며 묻습니다. "팀장님, 컬쳐북을 보니 우리 회사의 핵심가치가 '사랑'이던데 구체적으로 '사랑'은 어떤 의미입니까? 사랑의 피드백 문화가 재밌던데 어떻게 생긴 문화일까요?"

새로운 구성원이 조직에 들어왔을 때, 혹은 투자자를 처음 만나는 자리 등 컬쳐북은 우리 기업에서의 첫 대화 주제를 결정짓습니다. 이것이 부지런한 기업들이 컬쳐북 제작에 착수하는 이유입니다. 첫날의 매끄러운 대화는 다음날의 조직몰입을 높일 수 있습니다. 그럼 구체적으로 어떤 조직에 컬쳐북이 특히 필요할지 짚어보겠습니다.

일하는 방식이 달라졌다.

과거의 조직은 팀별 역할 중심으로 업무를 진행했습니다. 마케팅팀은 마케팅, 고객

관리팀은 고객 관리 일만 하며 각자가 맡은 일을 처리하는 것이 가장 중요했던 시대였습니다. 그러나 무형자산의 시대가 오며 기업이 일하는 방식도 변했습니다. 하나의 혁신적인 제품을 만들기 위해서 프로젝트 단위의 팀으로 구성되고 마케팅, 고객 관리, 디자인, 영업 등 제품을 위해 필요한 모든 분야의 인재들이 함께 하나의 과업을 끌어가는 시대가 도래한 것입니다.

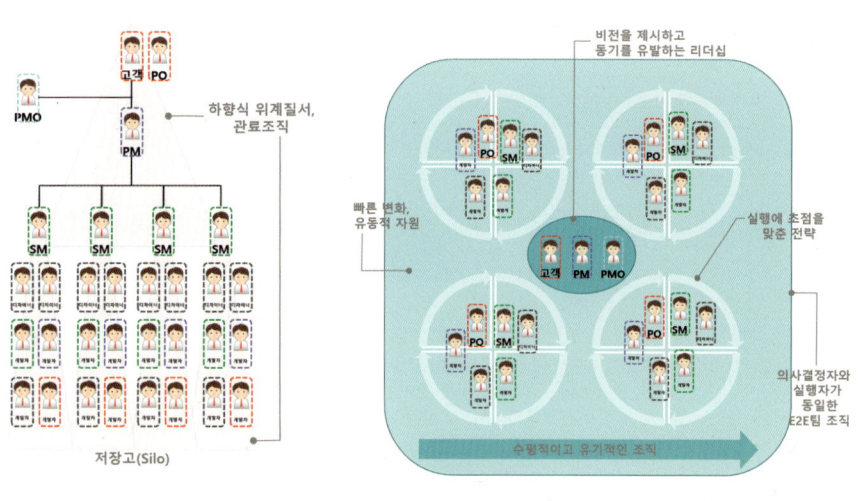

사일로 조직(왼쪽) / Agile 조직(오른쪽) [6]

다만, 이것이 기존의 수직적 조직 문화가 잘못되었다고 표현하는 것은 아닙니다. '훌륭한 관리자의 평범한 습관들' 책을 보면 구성원이 조직의 핵심가치에도 동의하지 않고 수단과 방법에도 동의하지 않는다면 권력을 통해 적절한 리더십을 보이는 것도 기업의 목표 성취를 위한 방법이 될 수 있다고 말합니다. 만약 권력적 리더십이 필요한 조직이라면 컬쳐북을 강조하고 싶진 않습니다. 반대로 자율성과 목표를 제시하고 몰입해서 직원들과 함께 성취하려는 경영자라면 서둘러 컬쳐북을 집어 들어야 합니다.

---

[6] SK(주) C&C'S TECH, Agile 프로젝트의 조직 구성에 대해 알아봅시다, 2020.

시대의 거대한 패러다임이 변했습니다. 그것도 아주 빠른 속도로 말입니다. 잘 만들어진 컬쳐북은 회사 내부는 물론이고 외부 사람들에게까지 기업의 문화를 전달해 줍니다. 나와 같은 생각을 하는 입사 지원자를 채용하고, 팀에서 기대하는 행동을 강화하고, 고객들에게 회사 고유의 문화를 알리며 지명도를 높입니다. 일종의 문화 나침반이 되어주는 것입니다.

04
컬쳐북 제작 전 알아야 할 7가지

여기까지만 보면 컬쳐북은 단점 하나 없는 완벽한 기업 설명서처럼 보일 수 있습니다. 그러나 언뜻 좋은 내용으로만 가득한 컬쳐북엔 치명적인 약점이 하나 있습니다. 바로 완성되기까지 시간과 수고가 들어간다는 점입니다. 조직의 규모와 전사 우선순위에 따라 다르겠지만 컬쳐북 한 권이 제대로 완성되기까지는 짧게는 1개월, 길게는 6개월까지의 시간이 걸립니다.

그동안 구성원들은 치열한 고민을 통해 소위 말하는 '느낌적으로만' 알고 있던 기업의 문화를 명문화해야 합니다. 각 기업의 특성에 따라 다양한 고민이 있겠지만 컬쳐북 제작 전 염두에 두면 좋을 7가지 항목을 소개하려 합니다.

1

컬쳐북을 회사의 시스템을 파악하는 '창'으로 생각해야 합니다.

컬쳐북은 회사의 특성과 성격, 기존에 행해지던 관행 및 규범을 명확하게 식별해주어야 합니다. 넷플릭스처럼 125페이지의 슬라이드일 필요는 없습니다. 다만 컬쳐북의 각 문장은 간단하고 명료하되 회사 고유의 문화를 반영하여야 합니다. 즉, '우리가 일하는 방식'이 정확히 어떤 것인지를 회사의 사명, 비전, 가치, 그리고 목적을 통해 표현해야 합니다. 우리 회사의 다양한 유, 무형의 가치들을 한눈에 표현하는 것이 컬쳐북이기 때문에 특히 신규 입사자는 컬쳐북 한 권만으로도 빠르게 온보딩을 할 수 있는 원동력을 얻게 됩니다. 수십 년간의 조직문화가 쌓인 기업이라도 컬쳐북 안에 그 문화가 기록되어 있다면 1~2시간 정독을 하는 것만으로도 문화와 역사를 빠르게 파악할 수 있습니다. 이것이 컬쳐북이 시스템 파악의 창으로 불리는 이유입니다.

2
문화는 만들 수 있습니다.

이제 회사의 문화가 회사를 정의하는 시대가 왔습니다. 따라서 필요하다면 의도적으로 문화를 만들어야 합니다. 보상이 좋다고 모든 구성원이 그 기업을 사랑하는 것은 아닙니다. 우리 조직만의 스피릿이 녹아든 자랑할 만한 문화가 많은 기업이 구성원들로 하여금 자부심을 만들어 내고, 일하는 즐거움을 이끌어 냅니다. 원팀으로 일하는 조직일수록 우리만의 색을 띈 문화가 확장됩니다.

다만 문화를 만들어나갈 때 조직의 핵심가치에 들어맞는 문화들로 구성되는 것이 중요합니다. 일회성의 즐거움만을 추구하는 문화나 행사가 기획되고 실행된다면 뿌리가 없는 나뭇가지를 심는 것과 다름없습니다. 우리가 수호해가는 핵심가치를 기반으로 구성원들의 인식과 공감 속에 만들어진 문화는 함께 지켜갈 수 있는 원동력을 얻은 것과 같습니다. 만약 우리 조직만의 문화가 없다면 핵심가치에 맞는 문화들을 함께 만들어 가시고 차근차근 정착시켜 가시기 바랍니다. 그리고 이것들을 컬쳐북에 기록하시고 그 스토리들을 작성해 보시기 바랍니다.

3
우리의 문화가 아닌 것을 제외합니다.

당연한 말이지만 쉽게 놓칠 수 있는 부분입니다. 일종의 '틀린 문화 찾기'로 진짜 문화를 분명히 해야 합니다. 자유와 책임 문화를 예시로 들겠습니다. 넷플릭스의 구성원들에게 자유와 책임문화는 익숙합니다. 그렇지만 자유와 책임이 모든 기업에 적합할 수는 없습니다. 어떤 조직은 규칙을 좋아하고 잘 짜인 위계 속에서 일하는 것을 선호합니다.

좋아 보이는 문화이더라도 그것이 우리의 문화가 아니라면 과감하게 빼 버려야 합니다. 좋아 보이는 워딩과 문구들이 매력적으로 다가올 수는 있습니다. 그러나 컬쳐북은 경영자의 철학을 바탕으로 구성원들이 공감하고 반드시 지켜나가야 하는 문화들을 기록해 둔 결과물입니다. 좋아 보이는 컬쳐북도 좋지만 그전에 정말 우리에게 필요한 컬쳐북을 만들어 가시기를 바랍니다.

4
우리 회사에 맞는 언어는 따로 있습니다.

글로벌 기업의 컬쳐북은 좋아 보입니다. 멋진 단어와 유쾌한 문장, 어쩐지 우리 회사도 이대로만 하면 성공할 것 같은 느낌이 옵니다. 그렇지만 당연하게도 그 기업의 언어를 우리 기업에 적용할 순 없습니다. 컬쳐북의 언어는 회사의 본질을 담고 있습니다. 만약 자신의 기업이 젊은 조직이라면 컬쳐북을 위트 있거나 조금은 캐주얼한 언어로 작성하는 편이 조직을 잘 표현해 줄 것입니다. 반대로 격식 있는 언어가 어울리는 조직도 분명 존재합니다. 우리 조직의 성향을 잘 파악한 언어만이 구성원을 이해시킬 수 있다는 점을 명심해야 합니다.

때론 우리 조직 내 날것의 표현들이 문화를 인식하고 공감하는 측면에서 도움이 될 수 있습니다. 어쩌면 평서문이 아닌 대화체로 글이 작성될 수도 있고 글이 아닌 도형이나 프레임, 혹은 수치일 수도 있습니다. 우리 조직의 컨셉에 맞는 언어를 찾아가 보시기 바랍니다. 표현하는 방식에 따라 우리의 브랜딩, 컨셉, 문화, 전하고자 하는 메시지들이 구성원들에게 더욱 깊이 내재화될 수 있습니다. 좋아 보이는 컬쳐북도 좋지만 그 전에 정말 우리에게 필요한 컬쳐북을 만들어 가시기를 바랍니다.

5
기업의 미션을 표현하십시오.

기업의 미션은 경영자의 철학을 바탕으로 한 기업의 존재 목적을 나타내 줍니다. 우리 기업은 왜 존재해야 하는지에 대한 정체성이 명확할수록 구성원들은 우리가 무엇을 해야 하는지 잘 알게 됩니다. 조직의 방향성이기 때문에 그렇습니다. 미션은 우리의 목적과 포부를 담고 있습니다.

가인지컨설팅그룹은 'Do everything in love'라는 사명을 갖고 있습니다. 모든 일을 사랑으로 해내기 원하며 기업 현장들이 사랑으로 물들기를 바라는 마음이 표현되어 있습니다. 소셜 네트워크 서비스, 링크드인의 컬쳐북엔 '전 세계의 모든 인력을 위한 기회 창출'이라는 슬라이드가 있습니다. 링크드인은 타인의 삶을 개선하는 데 도움을 주는 회사임을 강조해 주는 대목입니다. 기업의 철학과 존재목적이 잘 드러나는 문장을 선택해 표현하시면 좋습니다.

6
취업준비생도 컬쳐북의 독자입니다.

컬쳐북은 기업이 일하는 방식을 설명해 줍니다. 채용 프로세스, 온보딩, 피드백, 성과 검토 그리고 복리 후생과 같이 예비 직원들이 궁금해하는 사항을 꼼꼼하게 다루는 것이 좋습니다. 이제 채용시장 또한 마케팅의 한 부분이라는 점을 인지해야 합니다.

일례로, 알람 어플리케이션 분야에서 전 세계 1위의 자리를 차지한 한국 스타트업, 딜라이트룸은 온보딩 경험 설계와 웰컴키트를 통해 지원자들의 큰 호응을 얻은 바 있습니다. 배달의민족, 토스 그리고 가인지컨설팅그룹까지도 입사자들을 위한 웰컴키트와 온보딩 프로그램을 강화해 가고 있습니다. 그리고 이 과정은 온라인상에 노출되어 있습니다. 이는 미래의 A급 인재를 확보하기 위한 인재 마케팅으로도 컬쳐북이 활용되기 때문입니다. 우리는 미래의 인재를 위한 콘텐츠들도 고민해 봐야 합니다. 외부의 시선에서 우리 기업의 문화는 어떠한가? 어떤 것이 더 매력적으로 다가오는가? 컬쳐북은 우리 조직의 얼굴입니다.

7
그럼에도 주 독자는 현재의 구성원입니다.

컬쳐북의 핵심 기능은 조직문화를 올바르게 이해하고 인재의 능력을 끌어내 강화하는 것입니다. 넷플릭스의 탁월함과 솔직함이라는 가치들이 인사제도와 일하는 방식으로 연결됩니다. 이처럼 기업의 무형의 가치들이 구성원들에게 행동양식으로, 또 문화활동과 시스템으로 확장되어 갑니다. 넷플릭스는 변화를 추구하는 직원에게 최고의 인센티브를 주겠다고 밝히는 동시에 Keeper test등의 시스템을 통해 구성원들이 자신의 시장 가치를 인지하게끔 합니다. 이것은 넷플릭스라는 기업의 자신감을 보여주며, 기업 문화를 제대로 이해한 직원이 회사의 막대한 이익을 가져오게 하였습니다. 이처럼 컬쳐북에 명문화된 문장은 구성원에게 강한 영향력을 발휘한다는 것을 기억합시다.

컬쳐북을 만들기 전 고민해 봐야 할 7가지 사항을 확인해 봤습니다. 효과적인 컬쳐북은 기업에 큰 자산이 됩니다. 컬쳐북을 통해 회사와 진정으로 연결된 구성원은 업무에 온전히 몰입할 수 있으며 적절한 투자자와 고객 또한 유치할 수 있습니다. 특히 자신의 회사가 경쟁 우위를 확보하려는 스타트업 이거나 성장대로의 기업이라면 잘 짜인 컬쳐북 하나가 회사의 강력한 셀링 포인트가 될 것입니다.

혹시 자신의 기업에 컬쳐북이 필요한지 답을 내리셨습니까? 그렇다면 이제 우리에겐 두 가지 선택지가 있습니다. 시간과 비용을 감수하고 컬쳐북을 만들거나, 혹은 만들지 않거나. 사실을 고백하자면, 컬쳐북에 대한 또 하나의 선택지가 존재합니다. 30분의 시간을 투자해서 우리 기업의 문화와 콘텐츠를 정리하는 방법이 있습니다. 다음 장의 제목이 그것입니다.

05
실천 컬쳐캔버스

실리콘밸리뿐 아니라 우리나라에서도 컬쳐북 만드는 문화가 확장되고 있습니다. 포털사이트에 검색만 해봐도 다양한 브랜드에서 컬쳐북을 만드는 흐름이 있다는 걸 알 수 있습니다. 컬쳐북을 만드는 것은 오랜 시간을 잡고 시작해야 하는 작업입니다.

당연히 그 과정에서 큰 비용과 구성원들의 노력이 소모됩니다. '컬쳐북의 핵심을 담은 채 제작 시간을 단축할 수는 없을까?'라는 니즈가 존재할 수밖에 없는 것입니다. 컬쳐캔버스는 이러한 니즈에 답하기 위해 제작되었습니다.

컬쳐캔버스는 컬쳐북의 초기 버전이 될 수도 있고 혹은 컬쳐북의 요약본이라 말할 수도 있을 겁니다. 어쩌면 목차를 형성하는 중요한 도구가 될 수도 있습니다. 컬쳐캔버스는 우리 조직만의 컬쳐북을 제작하기 전 그려보는 일종의 지도이며 실천을 돕는 도구입니다.

9가지의 영역으로 나누었으며 영역들은 가치경영, 인재경영, 지식경영으로 함축되어 있습니다. 각 영역을 작성해 보며 기존에 있는 조직문화와 콘텐츠들을 쉽게 정리할 수 있도록 제작하였습니다. 물론 기존 콘텐츠 외의 새로운 콘텐츠를 기획해 넣어볼 수도 있습니다. 때론 경영자 혹은 인사담당자가 기존에 있는 자료들을 모아 한 번에 제작해 볼 수도 있고 구성원들과 함께 조직문화에 대한 리딩을 강화하고자 하는 경영자라면 인식과 공감을 위한 세미나나 워크숍을 통해 제작해 볼 수도 있을 것입니다.

여기서 중요한 점은 우리가 앞으로 구성원들과 함께 내재화하고 수호해가야 할 조직문화에는 어떤 것들이 있는가입니다. 경영자의 머릿속에만 있는 무형의 가치와 문화는 살아 움직이기 쉽지 않습니다. 무형의 가치가 살아 움직이고 시간이 지날수록 우리의 역사성을 지닌 문화가 되게 하려면 가장 먼저 기록을 해야 합니다. 그리고 그 기록이 구성원들로 하여금 권위를 가질 수 있도록 인식과 공감의 시간을 가져보시기 바랍니다. 실천이 없는 바람은 변화를 만들어 낼 수 없습니다. 분명한 것은 컬쳐캔버스가 조직문화의 방향을 제시해 주며 구성원들의 행동 기준이 되어줄 것이라는 점입니다.

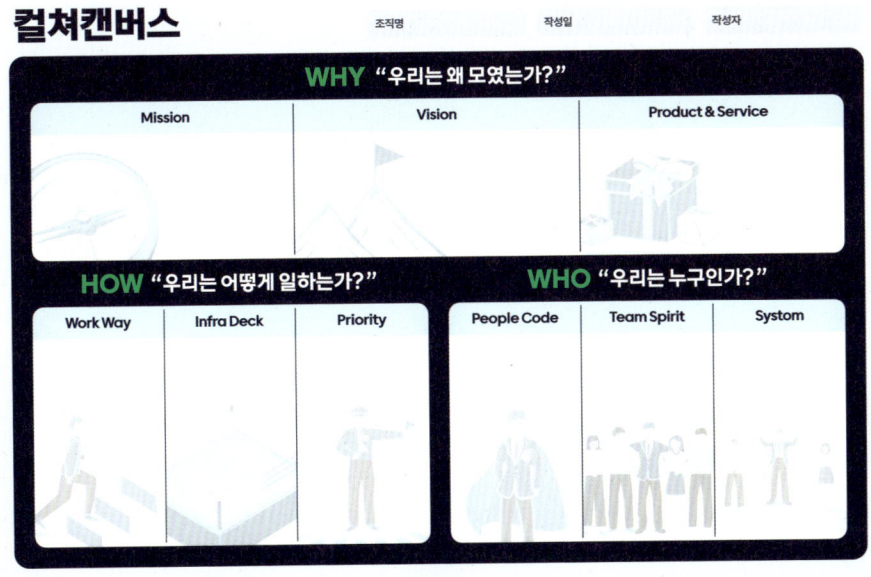

컬쳐캔버스

컬쳐캔버스는 크게 세 가지 부분으로 이루어져 있습니다. 첫째 왜 모였는가? 둘째 우리는 누구인가? 셋째 어떻게 일하는가?입니다. 가인지컨설팅그룹은 예전부터 이 세 가지 부분을 관심 있게 연구해 왔습니다. 이것이 가인지컨설팅그룹이 말하는 가치경영, 인재경영, 지식경영의 축약판이기 때문에 그렇습니다.

사실 컬쳐캔버스는 아주 새로운 개념은 아닙니다. 과거에도 가치체계를 구성원과 함께 수립하는 비전워크숍을 통해 기업의 사명, 비전, 핵심가치, 핵심 역량 그리고 스토리를 담은 '비전 포트폴리오'를 워크숍 팀에서 제작한 바 있으며 그 형식을 발전시켜 완성한 것이 컬쳐캔버스 한 판입니다. 캔버스의 비어있는 부분을 채우는 과정에서 기업 문화를 명확하게 설명할 수 있게 됩니다. 이제 자연스레 질문이 나와야 합니다. 그렇다면 컬쳐캔버스는 어떻게 작성하면 좋을까요?

가장 먼저 작성해야 하는 건 기업 문화의 첫 페이지라 할 수 있는 WHY입니다. 우리는 왜 모였는가, 이것은 구성원 모두가 가장 궁금해하는 사항이며 기업 문화의 바탕을 이루는 요소입니다. 다음은 WHO입니다. 이 조직에는 어떤 사람들이 일하고 있으며 구체적으로는 어떤 리더십을 가진 인재들이 무슨 분야에서 전문성을 가지고 일하는지를 적어 내려가야 합니다. 마지막으로 HOW를 작성하면 됩니다. 이것은 기업의 일하는 방식을 의미합니다. 쉽게 말하면 '어떻게 일하나요?'에 대한 답이라 할 수 있습니다. 작게는 출근 시간부터 크게는 프로젝트의 조직 구성에 이르기까지 다양한 일하는 방식들이 이곳에 적혀져야 합니다.

궁극적으로 이 회사는 무엇을 하는 회사인가 즉, WHAT에 대한 대답은 앞선 세 가지 의문사를 통해 구성되어야 합니다. 이제 세 가지 항목을 하나씩 자세히 해부해 보겠습니다. 물론 각 항목별 세부사항 모두를 작성하라는 것이 아니라 기업별로 쓸 수 있는 콘텐츠만 쓰시면 됩니다.

WHY, WHO, 그리고 HOW

WHY "우리는 왜 모였는가?"

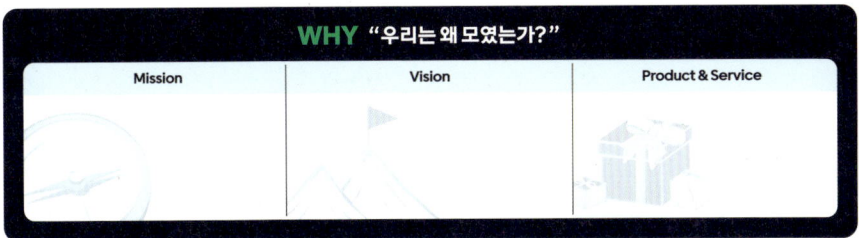

WHY "우리는 왜 모였는가?"

먼저 **미션**입니다. 미션은 우리가 꿈꾸는 세상, 우리가 해결하고 싶은 것들에 관한 내용이 담겨야 합니다. 구체적으론 다음과 같습니다.

- 우리가 존재하는 이유는 무엇입니까?
- 회사의 정체성을 한 문장으로 정리하면 무엇입니까?
- 우리가 궁극적으로 달성하고자 하는 것은 무엇입니까?
- 우리는 세상의 어떤 변화를 만들고 싶습니까?
- 우리 조직이 외치는 역동적인 문장은 무엇입니까?

대한민국에서 점점 더 기업 본연의 목적을 정립하는 열풍이 불고 있습니다. 경영학의 아버지 피터 드러커가 말했던 것처럼 모든 비즈니스의 시작은 위대한 미션에서부터 출발해야 합니다. 우리는 왜 이 사업을 하고 있는지, 목적은 무엇인지를 깊고 중요하게 생각해야 합니다. 기업의 존재목적은 이익창출이 아닙니다. 바로 고객가치를 창출하는 것입니다. 이익창출은 가장 중요한 핵심활동이지 존재목적이 될 수 없습니다. 고객가치를 창출했을 때 결과물로서 얻어지는 것입니다.

기업들의 Mission을 예시로 보겠습니다.

- "경영자를 도와 비즈니스에 사랑이 넘치게 하자" (50명 컨설팅회사)
- "당신의 삶에 아름다운 가치를 입히다" (15명 패션회사)
- "브랜드에 행복을 더하는 회사가 되자" (50명 유통업 회사)
- "건강한 먹거리로 고객과 직원에게 행복을 전하는 회사" (120명 식품회사)
- "농부가 꿈이 되는 회사" (150명 농업회사)

만약에 우리 조직의 미션이 없다면 가슴 뛰는 미션을 세우시고, 미션이 있는데 구성원들이 인식과 공감이 부족하고 텍스트로만 존재하는 미션이라면, 이번 기회에 경영자의 철학을 바탕으로 구성원들과 소통과 합의를 통해 우리 조직만의 정체성, 미션을 수립해보시기를 바랍니다.

다음으로 **비전**입니다. 소프트뱅크의 손정의 회장은 비전을 '오르고 싶은 산'이라고 표현했습니다. 비전을 표현할 때 목표의 산과 성취의 산으로 함께 표현하기도 합니다. 구성원과 함께 도전적인 목표를 수립하고 성취해 가는 것은 구성원 전체에게 있어 즐거움과 보람을 선사합니다. 비전은 우리가 달려온 길을 돌아보고 현재 모습을 점검하며 앞으로 달려갈 모습을 꿈꿔야합니다. 즉 기업의 과거부터 현재 그리고 미래에 달성하고 싶은 모습이 이곳에 해당합니다.

- 우리가 시작했을 때의 모습은 무엇입니까?
- 우리의 현재 모습은 어떻습니까?
- 우리가 달성하고자 하는 모습은 무엇입니까?
- 우리의 연혁은 무엇입니까?
- 중장기적인 기업의 목표는 무엇입니까?

기업의 비전을 표현할 때는 다양한 방법으로 표현할 수 있습니다. 기업의 과거, 현재, 미래를 정리하여 연혁적 흐름으로 표현하기도 합니다. 또한 3년~5년뒤의 중장기 비전을 주로 표현하며 해당 년도에 달성 될 모습을 한문장으로 표현하고 그 비전 문장을 달성할 결과지표들을 숫자로 표현합니다. 그래서 비전 한 문장과 비전달성 BIG5 형태로 표현하는 기업들이 많습니다.

Vision의 예시를 보겠습니다.

- 기업설립 (2016년 과거) - 교육 & 컨설팅 고도화 (2020년 과거) - 온라인 교육 플랫폼 (2023년 현재) - 지역기반 경영자 커뮤니티 (2025 미래)

  (기업의 연혁, 50명 컨설팅회사)

- 진정성을 가진 브랜드로 새로운 감동을 선사한다
  : 연매출 1,500억, 메이저 브랜드3개, 사내벤처 5개

  (3년 후 비전, 50명 제조 유통업)

- 패션 트렌드를 선도하는 NO.1 패션회사
  : 연매출 1,000억, 9층 사옥설립, 밀라노 컬렉션, 성과급 200%

  (5년 후 비전, 20명 패션회사)

우리 기업은 5년뒤 어떤 모습입니까? 어떤 목표를 가지고 있습니까? 구성원들과 함께 달려 성취할 비전은 무엇입니까? 우리 조직의 비전을 수립하고 구성원들과 공유하시기 바랍니다. 그리고 비전을 달성해 가는 과정을 구성원들과 함께 축하하고 격려하며 비전을 함께 공유하고 달성해가는 조직이 되시기를 바랍니다.

다음은 Product & Service입니다. 기업의 핵심적인 상품이나 서비스, 우리 고객과 그들의 반응, 우리의 차별점과 지향하는 가치가 해당합니다. 간단히 말하면 시장에서의 우리의 상품과 서비스가 어떤 경쟁력을 갖췄는지를 고객들에게 알려주는 것입니다.

- 우리의 제품과 서비스는 무엇입니까?
- 우리 상품의 경쟁력은 무엇입니까?
- 제품과 서비스를 통해 제공하고자 하는 고객가치는 무엇입니까?
- 향후에 개방하고자 하는 제품과 서비스의 방향성은 무엇입니까?

위 질문을 통해 우리 기업의 상품과 서비스를 떠올려 보시고 어떤 차별점과 경쟁력을 가지고 있는지 고민해보시면 좋겠습니다.

Product & Service의 예시를 보겠습니다.

- 경영자를 위한 영상/자료 무제한 구독 서비스 (50명 컨설팅회사)
- 학습자와 선생님 지원 APP 서비스 (20명 교육회사)
- 국내 유일 녹용 통합 가공 시스템, 원료와 완제품으로 300여개 제품 제공 (50명 유통업 회사)
- 신속하고 정확한 고객의 브랜딩 맞춤 인쇄, 출판 (20명 인쇄,출판회사)
- 120여종의 B to C, B to B 맞춤 만두 (150명 만두 제조업회사)

우리의 핵심적인 상품과 서비스, 그 안에 차별점과 우리가 지향하는 가치를 발굴하고 확장하여 고객가치를 창출해가는 상품과 서비스를 만들어 가시기를 바랍니다.

WHO "우리는 누구인가?"

WHO "우리는 누구인가?"		
People Code	Team Spirit	System

WHO "우리는 누구인가?"

앞서 우리가 왜 모였는지 질문해 보았습니다. 그렇다면 다음 수순은 당연히 이곳에 모여있는 '우리'는 누구인가에 대한 궁금증입니다.

기업의 형태를 갖추게 된 산업혁명 때부터 다국적 기업이 생겨난 현대에 이르기까지, 세월의 흐름 속 바뀌지 않은 것이 있습니다. 그것은 바로 '경영이란 사람을 통해 일하는 것'이라는 것입니다. 기업의 WHO가 중요한 이유는 여기에 있습니다.

기업이 바람직하게 생각하는 사람들의 가치와 형태가 곧 기업의 문화를 결정합니다. 우리 회사에는 어떤 인재상이 적합하며 어떤 방식으로 성과를 내는지 또 일을 즐겁하는 요소인 교육과 승진, 보상과 포상제도는 어떠한 지를 점검해 볼 필요가 있습니다. 구체적으로 People Code, Team Spirit, System의 3가지 요소를 살피며 '우리는 누구인가' 질문에 답해봅시다.

People Code는 어떤 사람들이 일하고 있는지 알려주는 가치입니다. 우리의 인재상, 인재들의 성장 방향성, 전문성과 리더십 그리고 합류방식등이 해당됩니다. 이곳에서 우리가 바람직하게 여기는 사람들의 특징을 찾아보시기 바랍니다.

- 우리가 원하는 인재상은 무엇입니까?
- 우리의 채용 프로세스는 어떻습니까?
- 일할 때 필요한 마음가짐은 무엇입니까?
- 우리는 어떻게 성장하고 기회를 가질 수 있습니까?
- 우리가 지향하는 전문성은 무엇입니까?

위 질문에 대해서 기업들의 예시를 보겠습니다.

- 우리는 5개 영역의 전인격 성장을 중요하게 여깁니다.
  신체적, 지식적, 정서적, 사회적, 영적 (50명 컨설팅회사)

- 우리는 성장마인드셋을 중요하게 여기며 그 안에 6가지의 요소가 있습니다.
  도전, 성장, 감사, 사랑, 배려, 존중 (40명 IT회사)

- 우리의 채용프로세스는 5단계입니다.
  서류 – 전화면접 – AI면접 –실무면접 –최종면접 (30명 제조회사)

- 한해를 돌아보며 핵심가치에 적합한 인재에게 상을 줍니다.
  도전상(신우현), 소통상(김현지), 성장상(이창훈) (20명 서비스회사)

각 기업은 경영자의 철학을 바탕으로 핵심가치를 수립하고 있습니다. 핵심가치에 맞는 인재를 발굴하고 육성하는 것이 기업이 지속가능한 문화를 이어가는 방법입니다. 우리 조직이 생각하는 인재상은 무엇입니까? 어떤 사람과 함께 일하고 싶습니까? 이 질문들을 깊게 고민해보시며 우리만의 People Code를 확립하시고 확장해가시기 바랍니다.

다음으로 Team Spirit은 회사가 지향하는 팀 문화를 구체적으로 알고 있어야 기술이 가능합니다. 팀으로 일할 때 중요하게 여기는 것들, 회의 문화나 커뮤니케이션 방식, 업무환경과 조직도 그리고 대화원칙이 이곳에 해당합니다.

- 팀으로 일할 때 중요한 것은 무엇입니까?
- 회의문화나 커뮤니케이션 방식은 어떠합니까?
- 우리만의 일하는 방식은 무엇입니까?
- 우리 팀의 핵심가치는 무엇입니까?
- 우리 팀에는 어떤 제도가 있습니까?

공동의 목적과 목표를 달성하기 위해 모인 곳이 바로 조직입니다. 그렇다면 그 안에서 목표를 달성하고 함께 협력하여 일하는 문화가 중요할 겁니다. 그렇기에 우리 조직의 일하는 방식과 문화를 정리하고 전수 할 필요가 있습니다. Team Spirit의 예시를 보시면서 우리 조직의 일하는 문화를 점검해봅시다.

- 문제해결을 위해 책을 읽고 문제를 해결합니다.
  독서 문화 (15명 제조회사)

- 30%에 시작하고 빠르게 피드백 해 가며 고객가치를 만듭니다.
  피드백 문화 (50명 컨설팅회사)

- 우리의 핵심가치는 소통, 도전, 감사 그리고 사랑입니다.
  핵심가치 (20명 서비스회사)

- 대화를 할 때는 사실중심으로 말하고 견해를 덧붙이는 원칙이 있습니다.
  사실 7 : 견해 3 원칙 (50명 IT회사)

다음은 **Systom**입니다. Systom은 System과 Tom's way의 합성어로 '톰 소여의 모험'의 일화를 바탕으로 탄생한 단어입니다. 톰이 벌칙으로 고모가 시장에 다녀오는 동안 울타리에 페인트를 칠하게 됩니다. 그때 톰의 모습에 친구들이 관심을 보이자 톰이 페인트칠을 '즐거운 놀이'라고 소개하고 친구들과 더불어 즐겁게 페인트 칠을 마무리하는 장면에서 가져온 개념입니다.

Systom을 잘 활용하면 구성원들은 자신의 하는 일에 더 큰 즐거움을 가지고, 일 자체에 몰입하게 됩니다. 이 과정에서 구성원들은 더 많이 성장하게 됩니다. 승진과 교육 시스템, 평가와 보상문화, 근로조건과 형태, 연간 문화들이 해당됩니다.

- 우리는 어떤 방식으로 평가하고 보상합니까?
- 우리는 어떤 교육과 승진시스템을 가지고 있습니까?
- 우리만의 포상문화는 무엇입니까?
- 우리에게 즐거움을 주는 문화가 있습니까?

위 질문에 대한 답을 떠올려 보시고 그 답에 어떤 요소를 더하면 일에 즐거움을 더할 수 있을까? 를 함께 고민해보시기 바랍니다. 예시를 함께 보겠습니다.

- 점심을 먹고 오후 1시가 되면 다같이 체조를 합니다.
  일하는 즐거움이 있는 회사 (30명 서비스회사)
- 배우고 싶은 분야가 있다면 회사에서 50% 지원을 해줍니다.
  성장을 독려하는 회사 (50명 IT회사)
- 사내 동아리를 만들어 운영할 때 회사에서 70%를 지원해줍니다.
  동료와 함께하는 문화 (50명 제조회사)
- 승진 워런티를 받고 승진 레포트를 제출하여 승진에 도전합니다.
  승진의 가치를 높이는 회사 (100명 IT회사)

우리 조직은 어떤 방식으로 평가하고 보상합니까? 우리는 어떤 교육과 승진시스템을 가지고 있습니까? 우리에게 즐거움을 주는 포상문화와 문화들은 무엇입니까? 깊게 고민해 보시면서 구성원들의 일에 즐거움을 더하는 요소 Systom을 만들어 가시기 바랍니다.

HOW "우리는 어떻게 일하는가?"

| Work Way | Infra Deck | Priority |

HOW "우리는 어떻게 일하는가?"

컬쳐캔버스의 마지막 기둥은 HOW입니다. 조직에서 누가, 왜 일을 하는지 알았다면 그 일을 어떻게 하는지 또한 정의되어야 합니다. 지식으로 성과를 내는 조직은 그들만의 일하는 방식이 존재합니다. 일의 방식을 잘 정리하고 전수했을 때 효율적인 일 처리와 성과 달성이 이루어집니다.

아마존은 고객만족도를 높이기 위해 '고객 우선주의'의 철학을 지키며 회사의 전체적인 업무 방식도 고객 경험을 최우선으로 고려하도록 설계했습니다. 넷플릭스 역시 구성원들이 업무를 수월하게 진행할 수 있는 인프라를 제공하기 위해 자체 클라우드 시스템을 구축하고 이를 기반으로 빠른 서비스 개발과 배포가 가능하게끔 하였습니다.

이러한 설계는 큰 기업에서만 가능한 것이 아닙니다. 오히려 작은 기업일수록 빠르게 시도하고 피드백 해가며 우리 회사만의 일하는 방식을 설계하고 확장해 갈 수 있습니다. 우리 회사의 Work Way, Infra Deck, Priority를 알아보겠습니다.

먼저 **Work Way**은 일을 잘하기 위한 방식입니다. 각 조직은 성과를 내는 방식과 지식이 있습니다. 이것들이 시스템일 수도 있고 지식일 수도 있습니다. 중요한 것은 이것들이 잘 전수가 되냐 입니다. 지식경영의 시작은 지식을 발굴하는 것이고 다음은 공유하는 것이고 마지막이 확산하는 것입니다. 우리 조직의 지식이 정리되고 잘 전수되는 조직문화를 만들어 가시기 바랍니다. 성과 규정과 피드백 시스템, 사내 언어들, 핵심 지식들이 Work way에 해당합니다.

- 우리는 무엇을 성과로 간주합니까?
- 성과를 내기위한 원칙이나 시스템은 무엇입니까?
- 성과를 내기 위해서 전사적, 부서별 알아야 하는 지식들은 무엇입니까?

위 질문에 답을 생각해보시기 바랍니다. 짧은 질문 같지만 고민해야 할 영역이 참 많을 것입니다. 성과를 규정한다는 것, 성과를 내기위한 원칙이나 시스템은 무엇이 있는지 고민하는 것, 성과를 내기 위해서 전사적, 부서별 알아야 하는 지식은 무엇이 있는지 정리해 보는 것은 우리 조직이 성과를 달성해갈 때에 반드시 정리되고 활용되어야 할 영역입니다.

Work Way의 예시를 보겠습니다.

- 한 주 제대로 된 실행계획으로 달려보자.
  주간 스프린트 미팅 (30명 디자인회사)
- 한달에 한번 실행전략과 아이디어를 도출한다.
  월간 부스팅 미팅 (40명 유통회사)

- 성과를 마무리 짓고 새롭게 도전한다.
  OKR 파티 (30명 인쇄,출판 회사)

- 금요일 5시30분 피드백 미팅으로 마무리한다.
  피드백 미팅 (30명 서비스 회사)

- 부서별 지식을 발굴하고 전수 될 수 있도록 공유, 확산한다.
  지식리스트 (30명 서비스회사)

예시를 보시면 기업 안에서 성과를 창출하기 위한 프로세스나 방식 지식들을 엿볼 수 있습니다.

주간회의를 주간 스프린트 미팅이라는 사내 언어로 사용하여 컨셉화 하였고, 부서별 지식리스트를 활용하여 지식이 잘 전수되게끔 하는 양식과 시스템을 갖추고 있음을 알 수 있습니다. 우리 조직에서 성과를 창출해 갈 때 필요한 방식들은 무엇이 있습니까? 우리 기업의 Work Way를 점검해 보시기 바랍니다.

다음으로 Infra Deck은 구성원들의 일에 몰입을 돕는 지원요소를 의미합니다. 사내 업무 툴, 협력사와 파트너, 자문&코치, 지원인프라 등이 Infra Deck에 해당합니다.

- 사내에서 사용하는 업무 툴은 무엇입니까?
- 우리의 협력사와 파트너는 누구입니까?
- 우리의 지원시스템(총무,회계,인사)은 무엇이 있습니까?
- 업무 몰입에 도움을 주는 인프라는 무엇입니까?

Infra Deck의 질문들을 보시면서 우리 조직의 지원요소를 확인해 보시기 바랍니다. 바로 예시를 통해 각 조직은 어떤 요소를 가지고 있는지 확인해 보겠습니다.

- 플로우, 구글 드라이브, 네이버 카페를 업무 툴로 사용합니다.
  사내 업무 툴 (50명 컨설팅회사)

- 업무 성과와 전문성을 위한 도서구매는 무제한으로 가능합니다.
  무제한 도서구매 시스템 (50명 IT회사)

- 10명의 협력 코치와 5개의 파트너사와 함께하고 있습니다.
  협력&파트너 (100명 서비스회사)

- 행정업무, 시설관리, 자산관리, 문서관리, 회의운영
  총무 (20명 제조업)

- 세무 관련 업무, 재무제표 작성
  회계 (15명 IT업)

- 인사정책 수립, 인사 채용, 정착, 프로세스 관리
  인사 (30명 물류업)

우리 조직은 어떤 업무 툴을 쓰고 있습니까? 구성원들이 업무에 몰입할 수 있도록 돕는 지원인프라는 무엇입니까? 있다면 정리해 보시고 없다면 새롭게 만들어가 보시기 바랍니다. 구성원의 업무 몰입은 성과를 창출해가는데 있어 아주 중요한 요소이기 때문입니다.

마지막으로 **Priority**는 다양성과 우선순위입니다. ESG Point, 법정 준수 사항, 안전 관련 사항도 이곳에 해당합니다.

- 국가의 건전한 시민으로서 우리가 중요하게 지키는 정책은 무엇입니까?
- 환경, 노동, 경제, 지역사회와 관련하여 법적의무사항은 무엇입니까?
- 약자에 대한 배려와 지원은 무엇입니까?

- 보안, 안전, 보건에 관한 정책은 무엇입니까?
- 인증, 평가, 수상 등 대외적인 정책들은 무엇입니까?

우리 기업에서 중요하게 생각하는 정책, 법정의무사항, 보안과 안전에 대한 정책 그리고 인증, 평가, 수상에 관련된 대외적 정책들에 대한 질문입니다. 우리 조직에서 생각하는 다양성과 우선순위 정책들은 무엇이 있습니까? Priority의 예시를 보겠습니다.

- 세금 납부, 공공 안전, 교육, 선거 참여
  우리기업 4대 의무 (30명 서비스회사)
- 환경 규제, 노동법, 산업 안전 보건법
  법정의무사항 (70명 제조유통회사)
- 장애인 고용, 동등한 권리 보장, 사회복지 시설 지원
  약자 지원정책 (60명 제조회사)
- 정보 보호, 재해 대응, 사고 예방, 직장 내 건강과 안전 보호
  보안, 안전, 보건 정책 (40명 IT회사)
- 품질 인증, 국제 인증, 사회공헌 활동
  대외적인 정책 (60명 식품회사)

예시를 보시면서 우리기업의 Priority를 발견해 보시기 바랍니다. 이미 중요하게 생각하는 요소들이 있을 겁니다. 그러나 아직 정리가 되지 않았을 뿐입니다. 기존의 중요하다고 생각했던 생각이나 정책들을 이번 기회에 정리해 보시기 바랍니다.

가치경영, 인재경영, 지식경영의 요약판 컬쳐캔버스

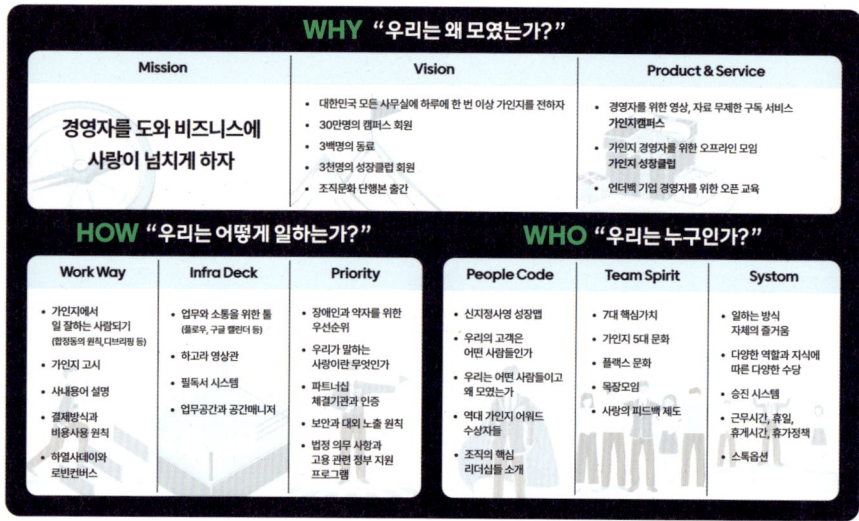

컬쳐캔버스 예시 - 컨설팅회사

여기까지 가인지캔버스의 세 가지 기둥과 각 기둥에 적혀야 하는 항목을 알아봤습니다. 혹시 눈치채셨습니까? 컬쳐캔버스의 각 기둥은 가인지경영의 세 가지 가치를 나타내고 있습니다.

먼저 '우리는 왜 모였는가' WHY에 해당하는 부분은 가치경영입니다. 경영자의 명확한 가치를 기반으로 가치가 맞는 사람과 함께 가치를 실현해 나가며 이를 이룰 수 있습니다.

다음으로 '우리는 누구인가' WHO는 인재경영을 나타냅니다. 사람을 성장시켜서 함께 일하는 것을 모토로 우리 인재상은 어떤 것이며 일하는 방식과 태도의 구체적인 것을 명확히 해야 합니다.

마지막으로 '우리는 어떻게 일하는가'의 HOW는 결국 지식경영입니다. 어떻게 지식으로 성과를 낼 수 있고, 일하는 방법론들은 무엇이 있을지에 대한 치열한 고민 속에서 지식 경영을 이룰 수 있습니다.

조직 내에 다양한 조직문화들은 가인지 즉, 가치경영 · 인재경영 · 지식경영 틀 안에서 읽어 내려갈 수 있습니다. 컬쳐캔버스를 작성하는데 보통 30분 ~ 1시간이면 가능했습니다. 만약 자신이 늘 기업의 문화와 성과에 대해 고민하는 경영자라면 15분에도 작성이 가능할 겁니다. 그러나 시간이 적게 걸린다고 해서 이 작업이 쉽다고 말하는 것은 절대 아닙니다. 기업의 세 가지 기둥을 세우는 것은 의미 있고 가치 있는 작업이기에 항목 하나마다 어떻게 우리 회사의 조직문화들을 계속 발굴하고 고객들의 요구들을 만족하게 할 수 있을지 치열하게 고민해야 합니다. 쉽지 않은 고민의 중첩이 이루어졌을 때 컬쳐캔버스는 기업의 정수를 있는 그대로 보여줄 수 있으며 기업에 유의미한 성과를 가져올 수 있습니다.

서론을 마치며

지금까지 컬쳐캔버스를 왜 만들어야 하는지 알아보았습니다. 컬쳐북을 통해 내부 브랜딩을 정리하고 강력하게 표현할 수 있습니다. 컬쳐북이 조직에 좋다는 것은 더 말할 필요도 없을 겁니다. 컬쳐캔버스는 컬쳐북을 만들기 위한 나침반이자 필수 단계입니다. 또한 아파트 시공 전의 설계도라고 할 수 있습니다. 설계도 없이 아파트를 짓기 시작하면 아무리 좋은 자재와 인부들을 끌어모아도 본래 목적에 맞는 아파트를 짓기는 힘들 겁니다. 설계의 목적을 모른 채 지었기 때문입니다. 경영에서 조직문화의 중요도는 날이 가면 갈수록 증가하고 있습니다. 몇 년 후엔 컬쳐북, 혹은 그와 비슷한 조직 문화 안내서를 제작하는 일이 거의 모든 기업이 거쳐가는 하나의 관문이 될 것입니다.

당장 다음 분기에 컬쳐북 제작을 염두에 두고 있거나, 혹은 몇 년 후 컬쳐북을 제작할 거라는 기대를 품고 계십니까? 효율적인 컬쳐북을 만들기 위한 설계도, 컬쳐캔버스를 작성하십시오. 그리고 우리가 왜 모였는지, 우리는 누구인지, 또 어떻게 일하는지. 이 세 가지 질문을 끊임없이 고민하며 컬쳐캔버스를 계속해서 업데이트해가시기 바랍니다. 컬쳐캔버스의 각 항목별 중요한 부분들을 참고해서 작성해 나가다 보면 있었지만 보지 못했던 우리 조직의 컬쳐캔버스가 탄생할 것입니다. 인재가 곧 기업의 성과인 시대에서 기업이 승리하기 위해선 강력한 조직 문화를 자산으로 갖게 하는 컬쳐캔버스가 필요합니다. 우리 회사가 중요하게 생각하는 가치와 일하는 방식, 그리고 문화들을 기술해서 버전 1을 만들어 공유하십시오. 그리고 보완해가면 됩니다. 이제 문화와 시스템 없는 회사라는 말과는 이별입니다.

이제, 컬쳐북의 다양한 사례들을 보여드리려 합니다. 앞서 넷플릭스와 자포스같이 컬쳐북에서 선도적인 위치를 점한 기업들의 사례를 살피며 대체 컬쳐북이 무엇인지에 대한 가닥을 잡으실 수 있었을 겁니다. 그러나 한 편으론 거대 기업의 컬쳐북을 우리 조직에 어떻게 적용할 수 있을지, 정성을 들여 만든 컬쳐북이 허울뿐인 냄비 받침이 되는 것은 아닌지 걱정이 될 수도 있습니다. 다음 장부턴 다양한 사이즈의 기업이 내미는 저마다의 컬쳐북을 소개해 보며 각자의 조직에 딱 맞는 레퍼런스를 찾는 일을 도우려 합니다.

유통업의 컬쳐북은 어떻게 구성되어야 합니까? IT업계에 컬쳐북이 필요합니까? 국내의 컬쳐북은 어떤특징을 가지고 있습니까? 다양한 질문에 답하고 경영자와 인사담당자들의 부담을 낮추어 컬쳐북을 시작할 수 있도록 국내 외 다양한 기업의 레퍼런스를 준비했습니다. 지금부터 각 기업의 컬쳐북들을 펼쳐보며 우리 조직의 가치관과 문화, 일하는 방식을 어떻게 표현해야 할지, 그 인사이트를 얻어 가십시오.

Part 2

보다 주도적인 문화를 표방하라

해외 유통업 사례

The Power of
Organizational
Culture

조직문화는
가장 강력한 리더십이다

Philip Kotler 마켓 4.0 저자

보다 주도적인 문화를 표방하라

주도적인 문화란, 직원들이 능동적으로 생각하고 행동하는 것을 장려하고, 새로운 아이디어와 독창적인 방식으로 문제를 해결하는 것을 촉진하는 문화이다. 주도적인 문화는 성과와도 연결이 되어 있으며 주도적인 문화를 지닌 조직은 함께 달성해야 할 목표와 실행계획을 구성원들이 잘 알고 있다. 이러한 문화는 기업의 성과와 경쟁력을 높이는 데 중요한 역할을 한다.

주도적인 문화를 표방하기 위해서는, 기업이 리더십과 문화 전략을 재고하고 개선해야 하는데 이러한 변화는 차별화된 경영 전략과 비전을 제시할 수 있는 리더십의 강화, 문화를 반영하는 조직 전략과 구조의 재정비, 그리고 효과적인 팀 협업과 업무 프로세스 개선 등으로 이루어질 수 있다.

많은 기업들은 미래를 대비하기 위해 혁신적이고 주도적인 문화를 추구하고 있다. 그러나 많은 기업들이 이러한 문화를 수용하고 실제로 실천하는 것은 쉽지 않다.

해외 유통업의 사례들을 보면, 주도적인 문화가 기업의 성공과 연관되어 있다는 것을 알 수 있다. 예를 들어, 스타벅스는 직원들에게 자유로운 의견 제시와 상호 협력을 권장하고 있다. 이러한 문화가 직원들이 주도적으로 더 나은 아이디어를 제공하고, 효과적인 의사 결정을 도와주는 역할을 한다. 또한, 구글은 직원들에게 실패를 인정하고, 실패를 통해 성장할 수 있는 문화를 강조한다. 이러한 문화가 직원들이 새로운 아이디어를 시도해보고, 주도적으로 성장하는데 있어서 큰 도움이 되기 때문이다.

따라서, 기업이 주도적인 문화를 표방하도록 노력하는 것은 매우 중요하다. 이를 위해서는 직원들에게 자유로운 의견 제시를 권장하고, 실패를 인정하며, 개선에 대한 적극적인 태도를 촉진해야 한다. 또한, 상호 협력을 강조하고, 직원들의 참여와 소통을 장려하는 문화를 조성해야 한다. 이러한 노력을 통해 기업은 적극적인 문화를 강조하는데 있어서 큰 성과를 이룰 수 있다.

01

Microsoft 출신 프로게이머의 게임 회사

밸브 코퍼레이션
Valve Corporation

밸브 코퍼레이션(Valve Corporation)은 어떤 기업일까?

회사명: 밸브 코퍼레이션(Valve Corporation)

업종: 게임 개발 및 유통

매출: 4조 835억 원(43억 달러)

사원수: 360명

밸브코퍼레이션은 10여년동안 마이크로소프트에서 근무했던 게이브 뉴얼과 마이크 해링턴이 1996년 8월 공동으로 창립했고, 창립 당시의 이름은 밸브소프트웨어였다. 1998년 11월 게임 〈하프라이프〉를 발매하고 50개가 넘는 올해의 게임상을 수상했다. 이후 발매작과 후속작 〈하프라이프 2〉까지 합해서 모두 1500만장의 판매량을 기록했다. 〈하프라이프 2〉를 발매하면서, 그 개발에 쓰인 게임 엔진인 소스 엔진과 온라인 배급 플랫폼인 스팀을 공개했다.

밸브 코퍼레이션 (Valve Corporation)
컬쳐북 맛보기

☑ 총 페이지

총 37페이지로 구성되어 있다.

☑ 페이지 구성 특징

한 페이지를 두 개로 나누어 핸드북 형식으로 구성했다. 개성이 돋보이는 일러스트나 자필메모를 삽입하는 등 디자인적으로 많이 공을 들인 흔적을 찾아볼 수 있다.

☑ 전체적인 흐름

1. 서론
2. 이 책을 사용하는 방법
3. 밸브에 오신 것을 환영합니다.
4. 정착하기
5. 전 무엇을 어떻게 해야 하나요?
6. 당신만의 모험을 선택하십시오.
7. 밸브는 성장하고 있습니다.
8. 에필로그
9. 용어 정리

밸브 코퍼레이션(Valve Corporation) 컬쳐북을 알아봅시다

밸브 코퍼레이션(이하 밸브)의 컬쳐북을 보면 단행본 형태의 줄글이 인상적이다. 자세한 줄글 형태로 밸브가 전하고자 하는 메시지를 자세하게 기술하고 있다. 표지에 '새로운 직원들을 위한 컬쳐북'이라고 명시하여 신입사원의 소프트 랜딩을 위한 자료임을 밝혔다. 컬쳐북의 내용은 질문과 그에 대한 답변으로 구성되어 있는데, 마치 현명한 베테랑 직원과 신입사원의 대화처럼 느껴지도록 내용을 구성했다.

컬쳐북은 그 첫 페이지부터 '출사표' 느낌이 물씬 묻어난다. 그들은 서문에 아래와 같이 명시하며 새로 들어오는 신입사원을 환영함과 동시에, 컬쳐북이 만들어진 목적과 이유를 설명했다.

> "1996년 우리는 위대한 게임을 만들기 위해 출발했습니다. 하지만 그때부터 그 위대함을 담을 수 있는 환경을 먼저 만들어야 한다고 생각했습니다. 깜짝 놀랄 정도로 뛰어난 사람들이 최상의 결과물을 낼 수 있는 환경을 말입니다. 이 책은 밸브를 가이드하는 원칙들을 집약한 것입니다."

'밸브에 온 것을 환영합니다(Welcome to Valve)'라는 인사를 건네며 컬쳐북이 시작한다. 밸브는 컬쳐북의 독자를 신규입사자로 가정하고, 그들의 입사 후 적응을 위해 컬쳐북을 제작했다고 알렸다. 또한 이 책을 읽는 누구든 회사 인트라넷을 통해 컬쳐북을 수정할 수 있다고 설명했다. 밸브는 이를 통해 컬쳐북을 모든 구성원이 함께 만들어나가는 것임을 전달한다.

이어서 〈밸브의 중요한 사실 3가지〉를 명시했다. 밸브는 외부 투자를 받아본 적이 없는 자금적으로 독립된 회사이며, 모든 지적 재산권을 소유하고 있고, 굉장히 다양한 사업을 보유한 엔터테인먼트 회사라고 밝혔다.

이어지는 페이지에서는 보스와 관리자가 없는 완전한 수평구조를 지향하는 밸브의 조직문화가 잘 설명되어 있다. 창의적이고 뛰어난 사람들을 채용하기 위해서는 그 사람들이 활개칠 수 있는 수평적인 환경을 만들어야 했다고 밝힌다.

밸브의 구성원이 사용하는 책상에는 바퀴가 달려있다. 이는 주도적으로 가치있는 곳을 향해 고민하고 움직일 수 있다는 일종의 '심볼'이라고 표현했다. 밸브에서는 사람들이 자주 책상을 옮겨 다니는 모습을 볼 수 있는데, 이를 통해 자유롭고 수평적인 밸브의 조직문화를 엿볼 수 있다.

> "책상을 어디에 둘지도 결정했고, 커피 기계도 어디 있는지 압니다.
> 저 사람의 이름이 뭔지도 알 것 같습니다. 이젠 아침에 출근해서 책
> 상도 정리하고 컴퓨터도 켰는데.. 이젠 뭐하지?"

이어지는 섹션은 입사 후 첫 달을 지난 신입사원이 앞으로 회사에서 무슨 일을 할지 찾아낼 수 있도록 돕는다. 이후에 이어지는 내용을 통해 프로젝트, 평가, 근무시간, 사무실 등에 대한 내용을 알 수 있다.

수평적인 조직문화를 지향하는 밸브의 구성원들은 누가 시켜서 프로젝트에 참여하지 않는다. 대신 자신에게 직접 질문을 던지고 일할 프로젝트를 스스로 선택한다. 때문에 회사 내부에서는 팀원 모집이 자율적으로 언제나 이루어지고 있음을 설명한다. 그러나 '무슨 일을 해야 할 지 어떻게 정할까?'란 의문이 들 수 있다. 해당 질문에 대한 답변으로 다음의 4가지 질문을 스스로에게 던져볼 것을 제안한다.

1. 진행되고 있는 프로젝트 중에, 어떤 것이 내가 가장 가치있게 일할 수 있는 것인가?
2. 어떤 프로젝트가 유저에게 가장 직접적인 영향을 주는가?
   그리고 내 일이 얼마나 그들에게 이익을 가져다 주는가?

3. 밸브가 꼭 해야 될 일이 있는데 안하고 있는 것은 무엇인가?
4. 어떤 것이 흥미 있고 보람있나? 무엇이 내 강점을 제일 많이 발휘할 수 있게 하는가?

다음으로 '어떤 프로젝트들이 진행되고 있는지 어떻게 아나요?', '내가 끝내지 못한 일들은 어떡하죠?', '회사 차원에서 밸브가 뭘 할지는 어떻게 정하나요?' 등의 사소하고 개인적인 질문을 제시하며, 이에 대한 답변을 굉장히 사려 깊은 방식으로 설명하고 있다. 밸브의 프로젝트들이 어떻게 진행되고 있는 지 알기 위한 가장 좋은 방법은 '주변 사람들에게 물어보는 것'이며, 이를 통해 서로의 개인적 정보에 대해 알 수 있다고 설명한다. 끝내지 못한 일들이 있을 때 느끼는 실패감에 대해 신입사원의 입장에서 공감하는 동시에, 이는 정상적이고 자연스러운 것이라고 설명하며, 그 중 가장 중요한 일을 선택하라고 조언한다.

이어서 프로젝트 팀, 근무시간, 사무실에 대해 소개한다. 밸브의 제품이나 기능을 만들기 위해 유기적으로 구성된 '카발(Cabal)', 프로젝트의 리더인 '팀 리더'의 역할과 '팀 구조'의 특성을 차례로 소개했다. 근무시간에 대해서는, 만일 야근이 일정기간 이상 지속된다는 것은 계획이나 커뮤니케이션에 치명적인 오류가 있다는 것을 의미한다고 설명했다. 밸런스가 무너지는 것을 방지하기 위해 주변 사람에게 도움을 요청하기를 조언한다. 이렇듯 밸브는 굉장히 구체적인 방식으로 회사를 소개하고 있는데, 심지어는 '책상을 옮기는 방법'을 4가지 단계로 나누어 이미지와 함께 제시하여 재치있게 소개하기도 한다.

밸브의 컬쳐북은 두 가지로 나누어 소개한다. 일년에 한 번씩 서로에 대한 피드백을 주는 받는 동료 리뷰(Peer Reviews)와 서로를 랭크화 시키는 '스택 랭킹(Stack Ranking)'이다. 이 두 가지 평가에 대한 방식과 목적, 절차와 평가 기준을 상세히 설명했다.

"당신 주위에 이런 저런 자잘한 문제들은 해결됐고, 하루하루 생산적으로 사는 것 이상의 것을 생각하고 싶어집니다. 밸브 내부에서도, 밖에서도, 당신의 미래를 만들어갈 준비가 된 것입니다. 개인의 성장과 밸브의 성장 두 가지 모두 당신의 손 안에 있습니다."

이어지는 섹션은 입사 후 6개월을 보낸 사원의 시점에서 필요하고 생각해볼 만한 내용으로, 성장에 대해 다루었다. 밸브는 매우 효율적이고 빠르게 성장할 수 있는 기회를 제공하고 있으며, 자신의 영역에 한정되는 보통 회사와 달리 다른 영역의 기술을 익힐 수 있다고 설명했다. 따라서 성장은 자신의 뜻에 달려있다는 것을 명시했다.

밸브는 회사의 방향성을 제시하고, 그에 대한 답변을 에필로그에 담았다. 동시에 신입사원에 대한 격려와 기대를 드러내며 컬쳐북을 마무리한다.

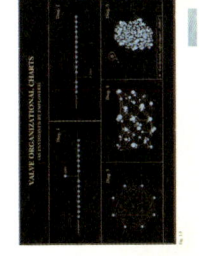

02

글로벌 전기차 충전 플랫폼

비리타
VIRTA

비리타(VIRTA)는 어떤 기업일까?

회사명: 비리타(VIRTA)
업종: EV 전기자동차 충전 플랫폼 유통
매출: 유럽 EV시장 2위 업체
사원수: 약 200명

전기 자동차 시장이 빠르게 성장하면서, 전기 자동차 충전 인프라의 수요도 높아지는 이때, 전기 자동차 충전 인프라가 부족하거나 이용에 불편한 여러 문제들(예: 공간, 전기 요금, 등)을 해결하기 위해 전기 자동차 충전 인프라 시장에서 혁신적인 솔루션을 제공하고 있다. 전 세계를 무대로 전기 자동차 충전 인프라를 설치하고 관리하는 전문 기업으로, 고객들이 전기 자동차를 더 편리하게 사용할 수 있도록 다양한 서비스를 제공하고 있다.

이 기업은 실시간 충전 정보와 결제 기능을 제공하는 모바일 앱을 제공하여 고객들의 쉬운 충전을 돕고, 또한 자동차 충전 인프라의 설치와 관리를 통해, 전기 자동차 이용자와 시설주 모두에게 높은 수익을 제공하는 비즈니스 모델을 제공한다.

비리타 (VIRTA)
컬쳐북 맛보기

☑ 총 페이지

총 17페이지로 구성되어 있다.

☑ 페이지 구성 특징

목차에 따라 내용을 전달하고 있으며 기업의 로고 컬러를 사용한 감각적인 색감 디자인을 볼 수 있다. 이미지와 글을 적절하게 배치하여 아주 깔끔한 구성이 돋보인다.

☑ 전체적인 흐름

1. Who we are _ 우리는 누구인가?
2. Our values _ 우리의 가치
3. How we work _ 우리는 어떻게 일하는가?
4. How we develop _ 우리는 어떻게 성장하는가?
5. How we lead _ 우리는 어떻게 리더십을 발휘하는가?
6. How we recruit _ 우리는 어떻게 채용하는가?
7. How we care _ 우리는 어떻게 돌보는가?
8. Why we work here _ 왜 우리는 이곳에서 일하는가?
9. The future of Virta _ 비리타의 미래

비리타(VIRTA) 컬쳐북을 알아봅시다

　기업 비리타(VIRTA)는 자신들이 컬쳐북을 정리하는 것이 '비리타가 EV 충전 산업 시장을 선도하는 기업으로 성장하는 데 도움을 준 문화를 종이에 담으려는 시도'라는 것을 분명히 밝힌다. 이에 성장에 도움을 준 요소들을 명확하게 나누어, 그 흐름을 담은 목차 페이지를 구성해 독자들로 하여금 컬쳐북의 내용을 한 눈에 볼 수 있게 돕고있다.

　정리하자면, ① 우리는 누구인가? ② 우리의 가치 ③ 우리는 어떻게 성장하는가? ④ 우리는 어떻게 리더십을 발휘하는가? ⑤ 우리는 어떻게 채용하는가? ⑥ 우리는 어떻게 돌보는가? ⑦ 왜 우리는 이곳에서 일하는가? ⑧ 비리타의 미래 이다. 이 중에서 눈여겨 볼 만한 몇 가지를 함께 보고자 한다.

　우리는 누구인가? 즉, 비리타는 어떤 곳인가? 비리타는 '더 깨끗한 미래의 모빌리티'를 위해 노력한다. 모빌리티 즉, '많은 사람들이 이동할 때 더욱 편리할 수 있도록 도와주는 서비스나 이동 수단'이다. 이를 '깨끗'하게 하기 위해 기업 비리타(VIRTA)는 전기 자동차 플랫폼을 선택했다. 현재 유럽의 전기 자동차 플랫폼 분야에서 가장 빠르게 성장하고 있음을 밝히며, 자신들의 사업은 세상을 바꿀 힘이 있다는 말로 미래에 대한 자신감을 명확하게 드러내고 있다. 이 '깨끗한 모빌리티'는, 지구를 위하는 것이며, 환경에 대해 긍정적인 영향을 미치는 증거라며 자신들의 존재 이유를 드러낸다.

　다음은 비리타의 가치관이다. 비리타는 자신들의 가치를 4가지로 정리했다. 그 중에서 2가지를 소개한다. 이들은 "함께, 또한 개별적으로도 성장하는 것"을 중요한 가치로 삼는다. E-모빌리티의 영역은 특히나 빠른 성장을 보이고 있다. 이 성장을 더욱 지속가능하도록 만들기 위해서는 전문적인 실력이 필요함을 밝히며, 비리타는 직원들 각각의 실력을 성장시킬 수 있는 가치를 지키기 위해 노력한다고 말한다. 그리고 실제 비리타 '인사부장'의 인터뷰 내용을 담았다. 그는 더 배우기를 희망하는 직원들의 열정을 돕는, 조직 차원에서의 성장 커리큘럼과 지원 프로세스가 잘 잡혀있는 것을 긍정적인 점으로 뽑는다. 현재의 프로세스도 개선하기 위해 꾸준히 노력하고 있는 모습을 말하며 회사에 대한 기대감 또한 확인할 수 있다.

다음으로 "서로 도우며 성공을 얻자는 것"이다. 협력하였을 때 얻을 수 있는 시너지 효과를 기대하며, 다양한 분야에서 서로가 힘을 합쳐 프로젝트를 진행하고 성공을 거두고 있다. 그리고 설사 실패하더라도 이들은 이렇게 말한다. "우리는 모두 회사를 함께 만들 책임이 있다. 고로 실패는 모두의 실패이다. 성공은 모든 사람의 성공이다!"

비리타(VIRTA)에서 함께 일하게 되었을 때, 업무를 진행하며 기대하고 얻을 수 있는 상황들을 자세하게 다룬다. 첫 번째로 세계 최고 전문가들과 함께 할 수 있다는 것이다. 이들은 인재들을 보유하고 있다는 것에 큰 자신감을 내비치며, 이에 이 곳에서 함께 프로젝트를 함께 하고 성공시켜낸다면, 정말 큰 탁월성을 얻을 수 있을 것이라 밝힌다. 두 번째로 빠른 성장과 지속적인 변화를 체험할 수 있다는 것이다. 이 산업의 특징을 설명하며, 변화를 즐기고 성장하는 것에 관심이 많다면 비리타(VIRTA)가 바로 그 무대가 되어줄 수 있다는 것을 말한다. 세 번째는 열정적인 동료들이다. 비리타에서 일하는 사람들은 열정과 의욕이 가득하며, 그것은 기본적인 약속이라고까지 표현한다. 지속 가능한 모빌리티 환경을 구축하자는 것, 하는 일과 목표에 깊은 공감과 관심을 가지고 있는 사람들이기에 이 열정이 가능하다는 것을 말하고 있다. 네 번째는 공동체 의식이다. 빠르게 변화하는 시스템을 가진 곳에서는 특히 외부의 변화에도 흔들리지 않는 끈끈한 원팀이 반드시 필요하다는 것을 설명한다. 팀워크는 높게 평가되는 요소 중에 하나이며, 모든 사람들이 협력할 준비가 되어있고 그에 맞게 팀원에게 요구되는 모습을 설명하기도 한다.

비리타의 리더십은 어떨까? 비리타의 산업은 속도감이 빠르다. 그것은 곧, 어떤 결정의 순간에는 위의 의견이 아니라 스스로 신속하게 주도적인 결정을 내려야 할 때가 있음을 뜻하기도 하는 것이다. 이런 이유로 비리타는 구성원 각각의 리더십에 크게 의

존하는 곳임을 강조한다. 비리타의 리더십의 과정은 구성원들이 최적의 솔루션을 찾을 수 있도록 하는 과정임을 확인할 수 있다. 비리타의 구성원들은 발전할 수 있다.

"그러니 때때로 실패하라. 그러면서 그것을 통해 배우라!"

비리타의 전반적인 문화를 다룬 후에는 채용방법을 설명한다. 비리타(VIRTA)가 원하는 인재상을 말한다. 비리타의 인재상은 지속 가능한 미래를 구축하고 최선을 다하는 열정을 갖춘 사람, 새로운 것을 빠르게 그리고 지속적으로 배우고자 하는 열망이 있는 사람, 다른 사람을 도울 준비를 갖추고 스스로도 거리낌 없이 도움을 요청할 수 있는 용기를 갖춘 사람, 창의적인 사고방식으로 문제에 대한 새로운 해결 방법을 찾아낼 줄 아는 사람이다. 현재의 구성원들이 이 부분들을 수행해낸다면, 당신이 이 요소들에 해당이 된다면, 그 보상으로 환상적인 동료들과 함께 세상을 바꿀 수 있다고 자신있게 말한다.

그리고 팀 관리자, HQ 담당자 등 총 3명의 구성원들이 '내가 비리타의 일부가 된 것을 자랑스럽게 여기는 이유'에 대해 인터뷰를 한 내용을 사진과 함께 간결하게 구성했다. 이들은 모두 공통적으로 기회가 주어지고, 스스로에게 도전의 마음을 심어주는 이 기업에 속한 것에 성취를 느끼고 있음을 확인할 수 있다.

비리타의 미래 비전을 선포하는 CEO의 말로 컬쳐북이 마무리된다. 현재 신생 성장 기업임에도 불구하고 업계에서 큰 성장을 이루고 있는 것에 대해 구성원들에게 진심으로 칭찬의 말을 전한다. 구성원들은 매우 열심히 일하고 있고, 그 덕에 기업은 빠르게 성장하고 있으며 함께 훌륭한 결과를 내고 있다고 말이다. 비리타의 CEO는 구성원들이 지금까지 성취한 것, 앞으로 성취해 나갈 것에 대해 자랑스러워해도 된다고 말한다. 탁월한 원팀으로써 목표 달성을 위한 프로세스를 간소화하고, 웰빙에 초점을 맞추고, 내부 커뮤니케이션을 계속 개선하는 것을 함께 실행하자는 메세지와 함께 성장을 위한 비리타의 다짐을 공유하며 마무리했다.

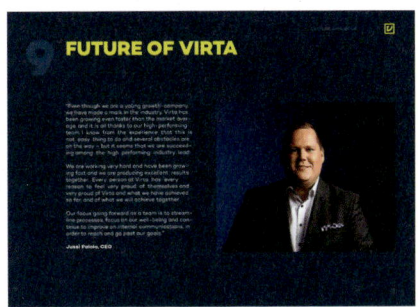

Part 2 보다 주도적인 문화를 표방하라 [해외 유통업 사례]

03

미국 대표 통신사 T-Mobile의 리셀러

웨어리스 비전
Wireless Vision

웨어리스 비전(Wireless Vision)는 어떤 기업일까?

회사명: 웨어리스 비전 (Wireless Vision)
업종: T-MOBIE 관련 소매 유통업
매출: 美 25개주 600개 넘는 최다 매장 설립
사원수: 약 4,000명

    Wireless Vision은 미국의 휴대전화 소매업체이다. 2004년 설립된 이후, 전국적으로 6-700여 개 이상의 매장을 운영하고 있으며, T-Mobile, Verizon, AT&T 등의 대표적인 이동통신사와 제휴 관계를 유지하고 있다. Wireless Vision은 스마트폰, 태블릿, 주변기기 등 다양한 이동통신기기를 판매하며, 기존 고객에 대한 업그레이드나 추가 기기 판매, 신규 고객 유치 등의 마케팅을 통해 매출을 올리고 있다. 또한, 이동통신기기의 수리나 교환, 계약서 작성 등의 서비스도 제공한다.

Wireless Vision은 고객 만족도와 직원 만족도에 대한 관심을 가지고 있으며, 그들의 학습, 성장 및 전문성을 증진하기 위해 다양한 교육 및 훈련 프로그램을 제공한다. 또한, 기업의 사회적 책임도 중요하게 생각하여 지역사회와의 협력을 강화하고, 사회적인 문제들에 대한 해결책을 모색하는 활동도 하고 있다.

웨어리스 비전 (Wireless Vision)
컬쳐북 맛보기

☑ 총 페이지

총 124페이지로 구성되어 있다.

☑ 페이지 구성 특징

세로 책자형으로 만들어졌으며, 마치 잡지와 같은 형태로 감각적인 디자인과, 타이포그래피, 사진의 구성이 적절하게 조화를 이뤘다. 중간에 영상을 삽입하기도 하여 온라인에 최적인 컬쳐북을 구성하였다.

☑ 전체적인 흐름

1. 리더가 갖춰야 할 것_ 5가지 교훈
2. ESG
3. 회사 구성원들의 일터 모습

웨어리스 비전(Wireless Vision) 컬쳐북을 알아봅시다

간단히 말하자면, '최고'인 것. 그것이 바로 기업 웨어리스 비전(Wireless Vision)임을 밝힌다. 이들은 단순히 더 나은 조직이 되기 위해 노력을 집중했다. 그러자 직원들에게도, 고객에게도, 지역사회에게도 더 나은 결과들을 얻어냈다고 이야기한다. 물론 쉬운 일은 아니었지만 구성원들이 함께 해내었음을 말하며, 성장과 위대함을 추구하면서 사람들의 삶을 더 좋게 만드는 것이 우리의 목표임을 밝힌다.

CEO의 비즈니스 여정을 소개하며, 그가 이 과정에서 배운 리더가 갖춰야 하는 5가지 기본적인 교훈을 설명한다. 처음에 자신을 움직이게 만든 것은 바로 '승부욕'이었다. 이기려는 그 의지 말이다. 어떻게 장애물을 극복하는가? 앞으로 닥칠 모든 도전에 맞서 더 나아지고 싸울 수 있는 불타는 열망을 가지고 있어야 함을 강조한다. 그것이 바로 리더로서, 매일 더 나은 추진력을 얻기 위해 필요한 요소임을 설명한다.

두 번째, 청렴과 겸손이다. 워렌 버핏의 말을 빌린다. '지도자들에게서 찾는 세 가지 특성, 즉, 에너지, 지능, 그리고 성실이다' 만약 우리 모두가 정직하지 않았다면, 모든 팀원들은 서로를 존중하지 못했을 것이며 누구도 따르려 하지 않을 것은 당연하지 않은가. 반드시 정직하고 청렴하라고 말한다. 또한 기꺼이 지도를 받는 겸손의 모습도 갖추라 한다. 톰 브래디는 6번의 슈퍼볼 선수권 대회에서 우승을 하였음에도 코치에게 어떻게 하면 더 성장할 수 있을지에 대해 묻고 기꺼이 변화하려 했다고 한다. 이렇듯 정직한 성실함에서 오는 청렴과 기꺼이 배우는 자세를 갖추는 겸손을 잊지 말라고 강조한다.

세 번째, 사람들에 대한 모든 것을 파악하라. '모든 것'은 사람들로부터 시작된다. 우리가 모두 각각 성공적인 리더가 되기 위해서, 적절한 사람들을 모으고, 그들이 이 조직 속에서 가치를 찾을 수 있도록 도와야 함을 강조한다. 조직내 모두가 이를 알고 있으며 절대 잊지 않고 실천하고 있다고 말한다. 구성원들 덕분에 시장에서 승리할 수 있었음을 말하며 그 공을 구성원들에게 돌리고 있다.

네 번째, 성과급에 대한 내용이다. 평가와 보상측면을 표현하면서 지난 달이나 작년에 한 일에 너무 집중하지 말기를 권하고 있다. 계속해서 어떻게 하면 더 나아질 수 있을지 생각하자는 것이다.

마지막 교훈으로는 어려운 일에 직면했을 때 갖춰야 하는 태도를 설명한다. 현재 위대한 챔피언들이나 리더들은 사고방식부터 다르다. 또한 그 사고방식은 바로 그들의 직업 윤리와 연결되는 것임을 밝힌다. 목표를 달성하기 위해 얼마나 열심히 일할 의향이 있는지? 이 질문을 던지며 마무리한다.

이 모든 교훈은 영상 링크가 함께 삽입이 되어있어 화면의 '클릭 버튼'을 누르면 CEO가 각 교훈을 설명하는 짧은 영상을 볼 수 있게 했다.

웨어리스 비전의 ESG를 실천한 모습에 대해서도 다루고 있다. 이들은 2022년 2,000개 이상의 배낭과 45,000달러 이상의 기부금을 내었으며, KINF에 학생들의 학용품을 전달하며 사회에 자신들의 가치를 실천하였음을 밝힌다. 꾸준히 다양한 열정 담긴 활동들을 통해 지역 사회에 이로운 영향력을 끼치고 있다. 결론적으로 이런 모든 가치의 행보들이 바로 웨어리스 비전이 '사람들을 위한' 회사이기 때문에 가능한 것이었음을 밝힌다.

직원들을 향한 격려가 특히 넘쳐나는 컬쳐북이다. 스포트라이트를 비추는 페이지를 따로 구성하여 그 직원이 하는 일이 무엇인지, 어떤 점이 탁월했는지 설명하는 것을 확인할 수 있다. 팀을 성장시키기 위해 스스로 부족한 교육을 이수했다거나, 누락된 재고를 파악하여 수십만 달러를 절약했거나, 회사의 시스템을 새롭게 구축하였다거나 등등 각자의 분야에서 묵묵하게 일하고 있는 직원들을 하나씩 조명하며 기업의 존속에는 구성원들의 힘이 컸음을 말해준다.

이외에도 누가 신규 주택을 매입하여 '집 주인'이 되었는지도, 2022년에는 35명의 아이들이 태어났고, 새로 결혼한 커플은 18쌍이 된다는 것을 소개하는 등 구성원들의 모든 상황을 함께 공유하며 축복하는 모습을 보인다.

회사 사람들과 즐기는 다양한 파티의 모습들도 빼놓을 수 없다. 즐거운 파티로 교류와 소통의 장을 구축하여 결속을 다지고, 디트로이트 지역에 도움이 필요한 곳에 나누기 위해 자선 모금까지 진행했다. 그 해 진행한 파티에서 이 자선 모금은 총 1,500달러가 모이기도 했다.

기업의 한 해를 돌아보며 회사의 TOP10의 사건들을 하나씩 뽑아 설명한다. 기업의 TOP 10인데, 딱딱한 내용이 아니다. '리더십 서밋 시간이 장기자랑으로 바뀌었을 때 록사나가 밴드와 함께 8곡의 솔로를 연주했다'와 같은 친근한 내용들로 구성되어있다. 그 내용을 아는 구성원들이 읽었을 때 특히 즐겁고, 내용 하나하나에서 소소한 소속감도 느낄 수 있는 부분이라 판단된다.

2022년, 당신의 성장에 웨어리스 비전이 어떤 도움을 주었는가? 라는 질문을 가지고 롤링페이퍼를 작성하게 한 것으로 보이는 페이지도 마지막에 삽입되어 있다. 구성원들이 정성껏 자신만의 필체로, '웨어리스 비전을 만나 나는 이렇게 성장했다'라고 적혀진 모든 내용들은 보기만해도 소중하며 서로 고취될 수 있는 요소가 충분함을 확인할 수 있다.

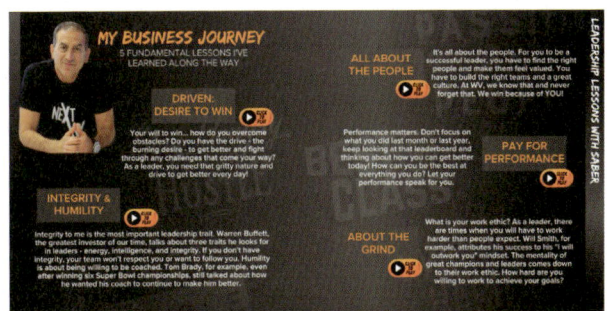

Part 3

변화와 혁신을 반영하라

해외 IT / 콘텐츠 사례

The Power of
Organizational
Culture

당신의 문화가
당신의 브랜드이다.

Tony Hsieh 자포스 창업자

변화와 혁신을 반영하라

변화와 혁신은 현대 기업 경영에서 가장 중요한 요소 중 하나이다. 기술의 발전과 시장 환경의 변화로 인해 기업들은 끊임없이 혁신을 추구하며 변화에 적극적으로 대응해야 한다. 특히 IT/콘텐츠 기업은 기술의 발전과 빠른 시장 확장으로 인해 더욱 빠른 변화와 혁신을 필요로 하고 있다.

해외 IT/콘텐츠 기업의 사례를 살펴보면, 변화와 혁신을 반영하는 기업문화가 성공적인 기업 경영과 밀접하게 연관되어 있다는 것을 알 수 있다. 예를 들어, 애플은 혁신적인 제품과 디자인을 통해 시장을 선도하고 있다. 이러한 기업문화는 직원들에게 적극적인 아이디어 제시와 혁신적인 제품개발을 촉진하는 역할을 한다. 또한, 페이스북은 빠르게 변화하는 시장 환경에 적극적으로 대응하며, 새로운 기술과 시장 동향을 적극적으로 수용하는 문화를 강조하고 있다.

따라서, IT/콘텐츠 기업이 변화와 혁신을 반영하는 문화를 적극적으로 추구하는 것은 매우 중요하다. 이를 위해서는 직원들에게 혁신적인 아이디어를 제시할 수 있는 자유로운 환경을 조성하고, 새로운 기술과 시장 동향에 대한 적극적인 태도를 촉진해야 한다. 또한, 실패를 인정하고 실패에서 성장할 수 있는 문화를 강조해야 한다. 이러한 노력을 통해 IT/콘텐츠 기업은 변화와 혁신에 적극적으로 대응할 수 있으며, 성장 할 수 있는 기업 문화를 구축할 수 있다.

01

글로벌 온라인 핸드메이드 마켓 플레이스

엣시
Etsy

엣시(Etsy)는 어떤 기업일까?

회사명: 엣시(Etsy)
업종: 전자 상거래 플랫폼 서비스
매출: 88조 9000억 원 (79억 달러)
사원수: 약 1600명

엣시는 2005년 미국에서 설립된 온라인 마켓 플레이스 회사이다. 수제품, 공예품 아트워크, 앤티크, 재생 가능 제품 등 독창적인 제품을 판매하는 소상인 및 작가들을 지원하기 위해 만들어졌다. 엣시는 지속 가능성과 사회적 책임을 강조하며, 수작업으로 만들어진 제품과 재생 가능한 제품에 대한 수요를 지원하고 있다. 또한, 엣시는 판매자들을 위한 교육과 자원을 제공하며, 작가들이 비즈니스를 성장시킬 수 있도록 지원하고 있다.

엣시 (Etsy)
컬쳐북 맛보기

✓ 총 페이지

목차 없이 총 50페이지로 구성되어 있다.

✓ 페이지 구성 특징

대부분 한 문장을 넘어가지 않는 짧은 내용으로 한 페이지를 구성하였다.

✓ 전체적인 흐름

1. 중요한 인물의 명언
2. 강조하는 문화
3. 핵심 문장
4. 회사의 미션
5. 회사에서 진행한 교육
6. 팀 문화
7. 엣시의 비전

엣시(Etsy) 컬쳐북을 알아봅시다

기업 엣시의 컬쳐북은 경영학의 아버지 피터 드러커의 명언으로 시작된다.

"문화는 전략을 아침으로 먹는다."

'문화'와 '전략' 중에서도 '문화'를 더욱 강조한 말인데, 조직이 성공하려면 전략적 계획 뿐만 아니라 그 조직의 문화가 어떤 것인지도 반드시 고려해야 함을 나타낸다. 이 한 문장으로 컬쳐북의 존재 이유를 초반에 드러내며, 특히 '좋은 문화'가 엣시에서 어떻게 긍정적으로 기능하는지 설명한다.

엣시는 '좋은 문화'는 모든 기술적 재앙을 극복할 수 있고, 다른 모든 것을 이기는 중요한 장치라는 말을 핵심적으로 전하고자 한다. 그렇게 만들어진 조직문화는 꾸준히 지속가능한 성장을 하는 존재이기에 고정되어 있지 않고 '유기적인 활동'을 한다는 사실을 받아들이라 강조한다.

그렇기에 이들이 확실하게 주장하는 것은 바로 "Be nice or Leave." 해석하자면, '잘 하든가 떠나든가.' 이다. 이 강력한 워딩의 문장을 사용해 기업 엣시의 문화를 진정으로 받아들이려는 구성원들만 남았으면 좋겠다는 솔직한 메시지를 전하고 있다.

조직문화의 기틀이 되는 엣시의 사명은 무엇일까? 바로 "사람들이 무언가를 만들어내는 삶을 가능하게 하는 것!" 이다. 여기서 중요한 지점은 이를 통해 '생계를 유지할 수 있도록 한다는 것' 이다. 엣시의 기술자들이 자신들이 좋아하는 소프트웨어를 만들어 생계를 유지하듯, 다양한 사람들이 무엇인가를 만들며 동시에 삶을 영위할 수 있도록 돕고 싶다는 것을 명확하게 밝히고 있다.

"code as craft" 엣시는 엔지니어의 '코드'들을 마치 장인의 작품처럼 생각한다. 핸드메이드로, 장인이 한 땀 한 땀 정성껏 작품을 만들 듯, 그렇게 모두의 노력으로 만들어진 소프트웨어 코드들인데 특별하게 이들은 그것을 오픈소스로 배포한다. 소프트웨어 코드 배포를 통해 더욱 많은 사람들이 새로운 것을 만들어가는 삶에 큰 도움이 될 것이라는 확신을 가지고 행동하는 것이다.

"사랑을 넓게 흩뿌리는 것"을 중요한 가치로 생각하는 엣시는 이렇게 오픈소스로 배포하는 행동 지침을 통해 진정으로 사랑을 실천하고 있다는 것을 확인해볼 수 있다. 이렇듯 사랑을 흩뿌려 세상을 더 좋은 곳으로 만들고자 하는 자신들의 목적을 향해 구성원들이 모두 동의하고 한 마음으로 달려가고 있는 것이다.

엣시는 구성원들을 위해 기울이는 노력을 설명한다. 사람들이 무언가를 만들어내는 삶을 가능하게 하기 위해, 이들은 온라인 창구, 소프트웨어, 컴퓨터 코드의 수준을 더욱이 높이고자 힘쓰고 있다. 컴퓨터를 다루는 구성원들에게 '영웅'이라 칭해질 만한 수준 높은 연사와의 만남과 교육의 혜택을 꾸준하게 제공해주고 있다. 프레더릭 브룩스(미국의 컴퓨터 과학자) 등의 저명한 미국의 컴퓨터 관련 연사가 진행하는 교육 장면을 배치하여 이런 실천을 나타내 보인다.

강한 개성을 가진 고양이 거치대가 있고 구성원들은 그 앞에서 사진을 찍고 즐기며 서로 웃는 모습을 표현한다. 직원들의 즐거운 표정이 느껴진다. 엣시는 구성원들에게 "좀 바보 같아도 괜찮아!"라고 말한다. 사람들의 삶의 수준을 높이기 위해 치열하게 애쓰는 구성원들에게 진심을 담아 던지는 메시지이다. 좀 바보같이 굴더라도 즐겁고 웃음이 넘치는 상황에서 힘을 얻고, 다시 업무의 자리로 나아간다.

02

아마존이 선택한 신발, 의류 전문 온라인 판매업체

자포스
Zappos

자포스(Zappos)는 어떤 기업일까?

회사명: 자포스(Zappos)
업종: 전자상거래 플랫폼 서비스
매출: 3조 2344억 원 (25억 달러)
사원수: 약 1500명

자포스(Zappos)는 대만계 미국인 토니 셰이(Tony Hsier)가 1999년에 라스베이거스에서 창업한 온라인 신발 쇼핑몰이다. 회사의 비전은 "모든 사람들이 최고의 쇼핑 경험을 누릴 수 있도록 하는 것"이다. 자포스는 신발을 비롯한 의류, 가방, 액세서리 등을 판매하며, 높은 품질의 제품과 다양한 브랜드, 빠른 배송, 무료 반품 등을 제공하여 고객 만족도를 높이는 데 초점을 두고 있다.

자포스는 2009년 아마존에 인수되어 현재는 아마존의 자회사로 운영되고 있다. 그러나 자신만의 컬쳐북을 꾸준하게 업데이트하며 전체 공개하여 여전히 독자적인 브랜드와 문화를 유지하고 있는 기업이며, 고객 만족도와 직원 만족도를 중시하는 기업 문화를 강조하고 있어 귀추가 주목된다.

자포스 (Zappos)
컬쳐북 맛보기

☑ 총 페이지

총 132페이지로 구성되어 있다.

☑ 페이지 구성 특징

사진을 많이 활용하여 페이지를 구성하였다. 20주년 맞이 생일 파티의 컨셉을 녹여내 활기찬 자포스만의 문화가 명확하게 드러난다.

☑ 전체적인 흐름

1. 자포스의 20주년 축사
2. 컬쳐북의 재미 포인트
3. 20주년 파티
4. 자포스의 ESG 행적
5. 자포스의 인권 운동
6. 자포스 어워즈 및 수상
7. 자포스 사내 동아리 활동
8. 자포스의 시작, 그 정체성

자포스(Zappos) 컬쳐북을 알아봅시다

2019년의 컬쳐북은 자포스에게 큰 의미가 있는데, 바로 자포스의 20살 생일이기 때문이다. 이에 CEO의 감격이 담긴 말로 컬쳐북이 시작된다. 컬쳐북은 그 독자를 다양하게 설정할 수 있는 책이라는 것이 분명하지만, 20주년을 맞이하여 나온 컬쳐북인 만큼 자포스는 그 시간을 유지할 수 있도록 힘써준 구성원, '자포니안'들에게 이 책을 헌정하는 느낌으로 제작한 것이 느껴진다.

"20년. 7,300일의 시간입니다. 우리는 175,200시간 동안 세상의 기준 밖에서 그림을 그렸습니다. 10,512,000분의 시간동안 신발을 판매했죠. 자포스는 20년 동안 존재해 왔습니다. 이는 당신에 의해 움직여 왔습니다. 이 책은 오랜 세월 동안 '자포니안'이라는 타이틀을 걸고 자랑스러워했던 많은 얼굴들을 위한 것입니다. 맞습니다. 하루에 약간의 이상함을 추가하기로 선택한 사람들이죠. 이들 덕분에 우리는 장벽을 극복했습니다. 조직화된 혼돈 속에서 번성하는 우리지만, 현상 유지에 의문을 제기했습니다. 2019년은 우리가 성장한 또 다른 놀라운 해였습니다. 우리는 배웠습니다. 그리고 우리는 장애물을 극복해내며 이전보다 훨씬 더 우리를 하나로 묶었습니다. 우리는 당신이 2020년에 어떻게 빛날지 기대됩니다! 하지만 지금은 한 번 더 되돌아보려 합니다."

생일을 컨셉으로 제작하였고 재미의 요소들도 곳곳에 추가하였다. 'FUN SIES'로 시작하는 독특한 구성이 눈길을 끈다. [컬쳐북을 보면 당신을 찾을 수 있을 것], CEO토니 셰이의 사진을 삽입한 후, [컬쳐북에 숨어있는 29명의 '토니'를 찾아라!]와 같은 내용들이 적혀져 있다.

자포스의 컬쳐북에는 '우리 회사는 이렇게 즐겁게 일하고, 서로 재치가 넘칩니다!'라는 판에 박힌 문구는 필요 없다. 초반의 이런 내용을 보면서 자연스럽게 이 자포스라는 회사가 어떤 에너지를 가지고 있는지 충분히 느껴지기 때문이다.

자포스의 ESG 경영의 모습을 사진으로 배치해 ESG 또한 최선을 다하여 실천하고 있음을 명시한다. 이를 "Zappos for Good"으로 명명하는데, 이 자포스의 자선팀들은 매년 지역 사회에 강력한 기여를 하기 위해 노력하며, 2019년 특히 크게 선한 영향을 끼칠 수 있었음을 자랑한다. 지원이 필요한 어린 아이들에게 새로운 신발을 선물하는 등, 몇 가지 대표적인 이벤트들을 소개한다.

2019년 지구의 날은 특히나 성대하였음을 소개한다. 30개 이상의 브랜드와 커뮤니티 파트너들이 모여 지구를 위해 모여 의류산업에서 발생할 수 있는 환경 문제들에 대해 경각심을 가지고 서로 격려하는 시간을 보냈다. 이런 모든 멋진 행적들을 사진들과 함께 효과적으로 기록하고 있다.

자포니안, 즉 자포스의 구성원들이 기업 자포스(Zappos)와 함께 얼마나 건강하게 삶을 일궈내고 있는지에 관해서도 소개한다. 자포스 피트니스, ZFIT에는 전문 코치진까지 배치되어 있다. 맞춤 수업, 다양한 교육, 운동 계획을 위한 상담 등 구성원들의 건강한 취미를 위해 노력을 기울이고 있음을 확인할 수 있다. 또한 아웃도어 소매 직원들은 22시간 이내에 남캘리포니아의 가장 높은 봉우리 3개를 등반하고 내려오는 챌린지에 참여하기도 하며 여러 멋진 방식으로 건강한 자포니안의 삶을 살아가고 있음을 볼 수 있다.

상대적 약자로 구분될 수 있는 구성원들의 인권에 대해서도 큰 노력을 기울이고 있음을 명시한다. 자포스 내에서 여성에게 영감을 주고 교육 및 지원하고 있다. 실제 이렇게 교육을 받은 인원 중에 2019 자포스 어워드에서 수상한 구성원에게 아낌없는 축하를 보낸다. 그뿐만 아니라 흑인 인식 및 인권에 대한 교육도 이뤄지며, 흑인들에게 교육, 워크숍, 다양한 리더십 개발 프로그램들을 제공하는 것을 확인할 수 있다.

이 컬쳐북이 그저 문서상 존재만 하는 것이 아니라 자포스의 구성원들이 관심을 가지고 보고 있다는 것을 한 대목에서 확인할 수 있다. "See? We told you you'd be in this year's culture book!" "보이죠? 올해의 컬쳐북에 당신이 나온다고 했잖아요!" 라는 의기양양한 문구로 시작되는 페이지에서는 그 아래로 구성원들의 사진이 익살스럽게 들어가 있다. 아무래도 저번에는 이 구성원들의 사진이 빠졌던 것이 아닐까? 이번 컬쳐북에는 그것을 개선하여 반영하였음이 즐겁게 느껴진다.

"자포스가 서비스 회사로 알려지기 전에 우리는 신발로 알려졌다. 지금 더 많은 일을 하고 있지만 그 열정은 식지 않았다. 우리의 발에 있는 그 열기는 이길 수 없다!"라고 말하며 자포스의 시작은 온라인 신발 커머스 활동이었음을 강조하여 자신들의 정체성을 한 번 더 구축하는 것을 확인할 수 있다.

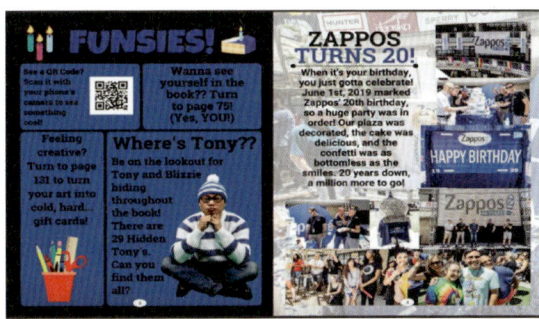

Part 3 변화와 혁신을 반영하라 [해외 IT/콘텐츠 사례]

자포스 (Zappos)

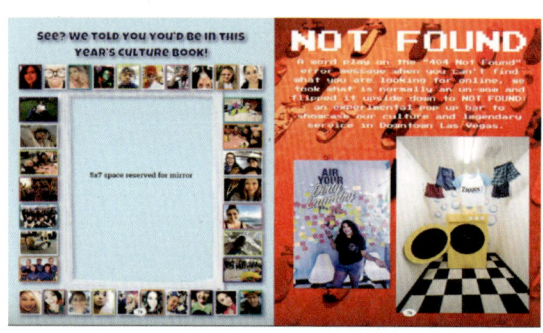
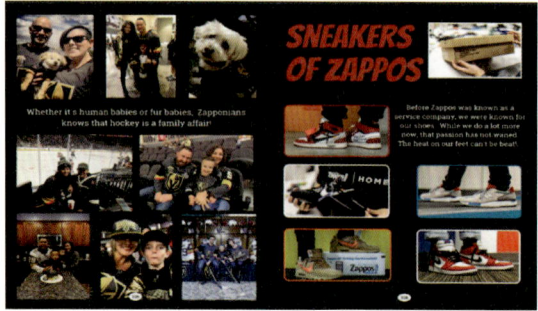

03

시뮬레이션 소프트웨어 핵심 기업

앤시스
Ansys

앤시스(Ansys)는 어떤 기업일까?

회사명: 앤시스(Ansys)
업종: 공학소프트웨어 제공
매출: 1조 6156억 1716만 원 (12억 4,910만 달러)
사원수: 약 4000명

앤시스는 공학 시뮬레이션 소프트웨어를 개발하고 판매하는 미국의 소프트웨어 기업이다. 앤시스의 솔루션은 공학 분야에서 가상 시뮬레이션을 통해 제품 설계 및 테스트, 성능 개선 등 다양한 분야에서 활용된다.

앤시스는 1970년대에 시작하여 현재는 전 세계 60개 이상의 국가에서 고객사와 협력하여 혁신적인 제품 및 기술을 개발하고 있으며, 앤시스의 솔루션은 항공우주, 자동차, 에너지, 전자 등에서 매우 광범위하게 활용되고 있다. 또한, 앤시스는 다양한 학계 연구 및 업계 컨소시엄과의 협력을 통해 연구와 개발을 지원한다.

앤시스 (Ansys)
컬쳐북 맛보기

☑ 총 페이지
총 40페이지로 구성되어 있다.

☑ 페이지 구성 특징
기업의 로고 색상을 십분 활용하여 눈에 명확하게 들어오는 컬쳐북을 완성했다. 사진과 더불어 타이포그라피도 적절하게 사용해 감각적인 페이지 구성이 눈에 띈다.

☑ 전체적인 흐름

1. 시작의 말
2. 불가능을 가능으로 바꾸는 8가지 단계

- Customer focus

- Innovation

- Mastery

- Sense of urgency

- Results & accountability

- Transparency & Integrity

- Inclusiveness / - Collaboration & Teamwork

앤시스(Ansys) 컬쳐북을 알아봅시다

　세상을 바꾸는 것에는 무엇이 필요한가? 이들은 비전과 기술, 그리고 서로가 필요하다 말한다. 창업자의 말로 시작되는 컬쳐북은, 앤시스가 세계에서 가장 혁신적인 기업이며, 시뮬레이션 없이는 불가능했던 영역조차 효과적으로 달성하는 지속적인 성공 경험을 이뤄내고 있음을 전한다.

　그런 성공 경험을 위해 불가능을 가능으로 바꾸는 이 기업만의 8가지 단계가 있다. ① 고객 집중 ② 혁신 ③ 숙달 ④ 긴급감 ⑤ 결과 및 책임 ⑥ 투명성 및 무결성 ⑦ 포괄성 ⑧ 협업과 팀워크 이다. 이 중에서 중요하게 언급된 몇 가지를 살펴보고자 한다.

　자연 애호가이자 등산가였던 Geoff Babb가 사고로 인해 걸을 수 없게 되었다. 그를 위한 기능을 갖춘 휠체어를 제작하는 과정에서 앤시스의 시뮬레이션 기술을 활용했다. 그러자 물리적 테스트보다 훨씬 빠르고 안전하게 휠체어의 설계 실행 가능성을 평가할 수 있었다. 이런 실제 구체적인 사례를 밝히며 앤시스는 상상만 해오던 것을 현실로 바꾸기 위해 '혁신'을 사용하고 있음을 말한다. 위의 사례처럼 고객에게 더욱 편리하고 안전한 혜택을 제공하기 위해 시뮬레이션 기술을 확장하는 데에 열정을 쏟고 있으며, 혁신적인 시뮬레이션으로 세상을 긍정적으로 바꾸고자 노력한다는 것을 말한다.

　앤시스는 시뮬레이션의 범주를 만드는 것에서 멈추는 것이 아니라 이를 '숙달'할 수 있도록 전문지식을 제공하고 있음을 밝힌다. 대학생들에게도 MOOC을 사용한 공개 온라인 과정을 통해 엔지니어 경력 전반에 걸친 지속적인 교육을 진행해오기도 한다. 이런 열정으로 인해 계속해서 앤시스는 글로벌 리더로 인정받고 있으며 차세대 전문 엔지니어를 준비하기 위한 과정도 쉬지 않는다.

　이들은 '모든 목소리가 중요하다.'라고 말한다. 앤시스는 매년 직원들을 대상으로 신뢰, 인식 및 훈련과 같은 조직 문화 관련 주제로 짧은 설문조사를 완료하도록 한다.

이때 그들의 관찰과 날카로운 제안을 반영하고 개선하고자 노력하는 태도는 '우리 모두가 함께 정직한 의사소통을 할 수 있는 공간'으로 만드는 것에 큰 도움이 된다고 밝힌다. 이런 정직한 소통을 통해 정보가 공유되고, 협업이 진행되니 의사결정에서는 완전한 투명성을 얻을 수 있다는 것이다. 또한 이를 회사 차원에서 장려하고 중요하게 여긴다는 것을 자신들의 필수적인 과정으로 강조한다.

앤시스(Ansys)는 말한다. '우리는 우리가 가지고 있는 차이의 가치를 믿는다.' 이를 통해 전반적으로 이들이 굉장히 다양한 배경을 가진 구성원으로 이뤄져 있음을 확인할 수 있다. 앤시스는 다양함 즉, 인종, 민족, 성별, 사회경제적 지위, 나이, 신체적 능력, 신념, 이념 등이야말로 우리를 더 낫게 만드는 강점이며 서로의 차이를 포용할 수 있게 함을 밝힌다.

이 때 중요한 것이 자기자본이다. 다양한 분야에서 모두 다른 점을 지니고 있지만 그 장벽을 제거하는 노력을 꾸준히 진행하며 모든 구성원들이 성공 경험에 전적으로 참여할 수 있도록 한다. 성장하고 발전할 수 있는 기회를 모두에게 제공하는 것이다.

최종적으로 이런 기회를 통해 이 조직에 나는 '속하여' 있구나 라는 소속감을 가지게 하여 이 장소 자체가 모두를 포용할 수 있는 곳으로 만들고자 하는 것이다. 그렇게 다양한 구성원으로 이뤄진 조직인만큼 업무를 바라보는 관점에서도 다양성이 생길 수 있다는 것을 밝히며 이것이 바로 앤시스를 더욱 강하게 만드는 문화라고 강조한다.

협업과 팀워크를 강조하는 것 또한 인상적이다. 앤시스는 사원수가 4000명이 넘는 글로벌 기업이다. 이들은 한 지사에 있는 인원들이 아니다. 전 세계에 함께하는 앤시스의 구성원 수이다. 그렇기에 이들은 특히 유연한 협업과 끈끈한 팀워크를 더욱 강조한다. 이들은 다른 대륙에 살고, 다른 부서에서 일하고, 다른 의견을 가지고 있는 수많은 사람들로 이뤄진 곳이지만, 하나 확실한 것이 있다. 바로, 고객에게 가장 놀라운 솔루션을 제공하기 위해 모두가 함께 일한다는 것이다. 앤시스는 구성원 모두에게 협업과 팀워크를 강조하고 있다. 앤시스가 바꿔갈 세상을 위해!

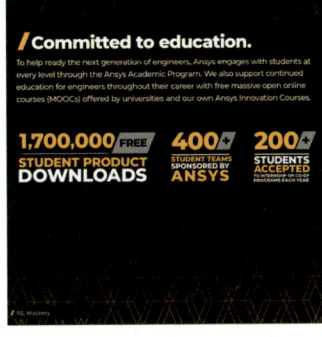
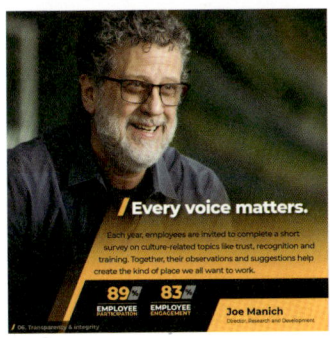

Part 4

인류를 발전시키는 사명감

빅테크 사례

문화와 가치에 기반한 조직은
규정과 매뉴얼에 기반한
조직보다 인재의 성장과 변화 적응에
능동적이다.

Reed Hastings 넷플릭스 창업자

인류를 발전시키는 사명감

빅테크 기업들은 혁신적인 기술과 서비스를 제공하여 인류의 발전에 기여하고 있다. 이러한 기업들은 자신들의 비전과 사명감에 따라 인류의 발전에 주도적인 역할을 수행하고 있다.

예를 들어, 구글은 정보의 자유와 접근성을 강조하며, 검색 엔진과 유용한 서비스를 제공하여 인류의 정보 접근성을 높이고 있다. 아마존은 고객의 편의성과 만족도를 중시하며, 물류 기술과 인공지능 기술을 활용하여 상품 구매와 배송을 더욱 간편하게 만들고 있다. 또한, 페이스북과 트위터는 정보의 전달과 공유를 촉진하여 인류의 연결성을 높이고 있다.

이러한 빅테크 기업들은 자신들이 제공하는 기술과 서비스를 통해 인류의 발전과 복지를 추구하며, 사회적 책임을 강조하고 있다. 그들은 또한 자신들이 제공하는 기술과 서비스를 더욱 발전시키기 위해 연구 개발에 큰 투자를 하고 있다.

사명이 있는 조직은 특별함이 있다. 기업의 존재목적이 명확한 기업일 수록 구성원들이 일의 의미를 깊게 발견하고 자부심있게 일 할 수 있다. 또한 개개인이 사명을 달성하기 위해 어떤 공헌적 가치에 집중해야 하는지도 발견할 수 있다.

인류를 발전시키는 사명감을 가진 빅테크 기업들은 그들의 기술과 서비스를 활용하여 전 세계적인 문제들을 해결하고, 더 나은 미래를 만드는 일에 주도적인 역할을 수행해 가고 있다. 우리 기업도 반드시 생각해 봐야한다. 우리 기업은 무엇을 위해 존재하는가? 우리 기업이 달성하고자 하는 것은 무엇인가?

01

세계 최대 검색 엔진

구글
Google

구글(Google)는 어떤 기업일까?

회사명: 구글(Google)
업종: 인터넷 정보 서비스
매출: 10조 7337억 (82억 8900만 달러)
사원수: 약 14만 명

   1998년 설립된 구글은 검색 시장 점유율 90% 이상을 차지하고 있는 세계 최대의 인터넷 검색 서비스 기업이다. '전 세계의 정보를 체계화하여 모든 이에게 접근 가능하고 유용한 정보를 제공한다'는 사명 아래, 2008년 웹 페이지 목차 수 1조 돌파를 이뤄냈다. 구글은 검색 서비스 외에도 Youtube, Gmail, 사전, 구글앱스, 클라우드 컴퓨팅 등 추가적인 서비스도 제공하고 있다.

구글 (Google)
컬쳐북 맛보기

☑ 총 페이지

목차 없이 총 35페이지로 구성되어 있다.

☑ 페이지 구성 특징

한 페이지 당 한 문장 정도의 길이로 페이지가 구성되어 있다. 구글 (전) 인적 자원 책임자 라즐로 복(Laszlo Bock)이 독자에게 구글의 10가지 일하는 방식(Work Rules)를 소개하는 방식으로 전개된다.

☑ 전체적인 흐름

1. 구글의 경영철학과 문화
2. 구글이 일하는 방식
3. 맺음말

구글(Google) 컬쳐북을 알아봅시다

구글의 컬쳐북은 구글의 (전)인적자원책임자, '라즐로 복(Laszlo Bock)'의 책 〈구글의 아침은 자유가 시작된다〉에서 발췌한 내용으로 구성했다. 10가지의 업무 규칙(Work Rules)과 그 규칙을 만들기까지의 과정을 스토리텔링하여 전달하고 있다.

> "이 이야기는 사무실에서 시작합니다. 사무실에서 일하는 시간,
> 우리 삶 속에서 그 어떤 것보다 많은 비중을 차지하는 시간입니다.
> 하지만 40억명의 직장인들에게 일은 그저 끝내야 할 것입니다.
> 더 나쁘게 말하자면 철저하게 비참한 경험의 연속일 뿐이죠."

많은 사람들은 일 자체에서 즐거움과 보람을 느끼지 못한다. 어느 직장이나 이러한 문제점이 있고, 일하기 좋은 직장을 운영하기 위해 구글은 어떤 노력과 철학을 가지고 회사를 운영하고 있는지 설명한다.

높은 연봉? 훌륭한 기업문화? 공평한 성과 평가? 무엇이 구글 직원을 일에 미치게 만드는 것일까? 구글은 '사람들은 본질적으로 선하다.'는 경영 철학에 기반한다. 이 관점이 구글의 인사와 업무 시스템의 핵심이 된다.

어떠한 규칙이나 제도가 존재하는 것보다도 그 근간의 생각과 목적이 무엇인지를 중요하게 여겨야 한다. 그 고민 끝에 비로소, 이후에 소개될 10가지의 '업무 규칙'이 도출되었음을 알 수 있다. 라즐로는 혁신을 꿈꾸고, 문화의 변화를 꿈꾸는 기업이 해당 자료를 활용할 수 있도록 '누구나 이 접근 방식을 따라 할 수 있다.'고 언급하고 있다.

구글의 문화는 '공감가는 미션 찾기', '투명해지기', '직원들이 목소리를 낼 수 있게 하기'이다. 이 세 가지 문화는 구글에서 하는 모든 것을 뒷받침하고 있다고 설명한다.

라즐로 복은 구글만의 채용 방식과 인간 중심적인 조직문화는 모든 기업에서 실행 가능하다고 말하며, 아래와 같은 '업무규칙 10가지'를 소개하고 있다.

1. 일에 의미를 부여하라

재능 있는 사람들을 회사에 끌어들이기 위해서, 그들에게 영감을 줄 수 있는 목표를 만들어야 한다고 전한다. 예컨대, 구글의 사명은 '전 세계의 정보를 조직해 누구나 쉽게 접근하고 사용할 수 있도록 하는 것'이다. 이러한 사명은 구글 직원들의 영감을 자극한다. 목표가 생산성과 행복을 모두 증가시킨다는 실제 연구 결과를 제시하여 설명을 뒷받침하고 있다.

2. 여러분의 직원들을 믿으세요

생산성을 높이기 위해서는 직원들에게 적극적으로 정보를 공유하고, 투명해질 것을 제안한다. 구글은 회사의 모든 것을 투명하게 공유하고, 많은 권한들을 위임한다. 이러한 방식이 일과 회사에 있어 주인의식을 가지게 한다는 것을 알기 때문이다. 이어지 페이지에서 실제 연구 사례에 대한 설명을 덧붙였다.

3. 자기보다 더 나은 사람을 채용하라

최고의 인재를 찾기 위해서는 기준을 높이 잡고 채용의 질을 결코 타협하지 않을 것을 제안한다. 다른 기업들과 별반 다르지 않은 채용 방식으로는 그저 평균 능력의 직원을 뽑게 되는 것이다.

4. 성과 관리와 성장을 혼동하지 말라

성과에 대해 이야기하면서 승진, 연봉과 같은 보상요소도 함께 이야기한다면, 직원들은 개선에 대한 생각보다는 불만이 앞서 성장을 저해한다고 한다. 따라서 성장에 대한 대화와 보상에 대한 대화를 분리해서 진행할 것을 권유한다.

5. 최악의 직원과 최고의 직원에게 초점을 맞추라

회사가 훌륭한 채용 프로세스를 갖추더라도, 채용에는 실수가 있을 수 있다. 그렇다면 성과가 매우 낮은 직원들을 어떻게 할 것인가? 라즐로 복은 업무 능력이 떨어지는 사람에게는 도움을, 업무 성과가 좋은 직원에게서는 배워야 할 것을 설명한다.

6. 인색하면서도 동시에 관대하라
직원이 만족하는 많은 제도는 사실 비용이 크게 들지 않는다. 다양한 제도들은 주로 업무 효율성, 공동체 의식 함양, 혁신의 목적으로 시행된다.

7. 급여는 차별적으로 지급하라.
성과에 따라 차별적인 금전 보상을 둠으로써 최고의 인재에게 충분히 대우해야 함을 말한다. 보상에 있어 공정함이란 개인의 기여도와 보상 수준이 적절히 일치하는 것을 말하는 것이지, 모든 직원에게 평등하게 보상한다는 뜻이 아니기 때문이다.

8. 슬쩍 옆구리를 찌르라(Nudge)
여기서 말하는 '옆구리를 찌르라(Nudge)'는 것은 무의식이 어떤 선택을 하도록 만든다는 것이다. 잘 의식하지는 못하겠지만, 환경이 어떤 선택에 영향을 주게끔 부드럽게 유도할 것을 제안한다.

9. 점점 커지는 기대치를 관리하라
실험을 하기 전, 주변 사람들에게 실험할 것을 알려야 한다. 그러면 사람들이 비판 대신 지지를 보낼 것이고, 실험이 실패하더라도 그 의도를 알아줄 것이다.

10. 즐겨라! 그리고 1번으로 돌아가서 다시 시작하라
이 모든 것을 한 번에 다 하려 하지 말고, 시행착오를 통해 끊임없이 학습하고 개선할 것을 말한다. 좋은 환경을 만들기 위해서는 꼭 필요한 과정이기 때문이다.

이후 '우리의 이야기는 사무실에서 마무리됩니다.'라는 문구가 담긴 페이지를 시작으로, 컬쳐북의 독자들에게도 '일하는 방식에 새로운 걸 실험'하여 일의 의미를 바꾸고, 사람들에게 공유하는 것에 동참할 것'을 권유하며 컬쳐북이 마무리된다. 인사책임자로서 직원들을 성장시키고, 행복하게 일할 수 있도록 돕는 라즐로의 면모가 잘 드러나는 대목이다.

　기업의 핵심 가치를 되돌아보고 업무규칙을 재정립하는 시기에 좋은 참고 사례가 될 만한 컬쳐북이다. 회사의 가치를 바탕으로 직원의 행복을 위해 고민하고 실행하는 일이 굉장히 매력적으로 보이기까지 한다. 컬쳐북에서는 업무 규칙를 나열했지만, 원문인 라즐로의 책〈구글의 아침은 자유가 시작된다〉에서는 '왜'에 대한 설명을 더 자세하고 구체적으로 풀어내고 있어 참고해보아도 좋을 듯하다.

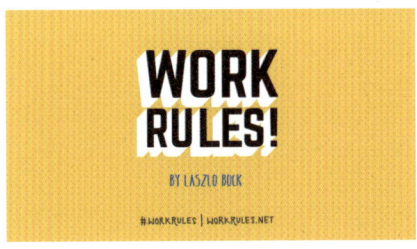
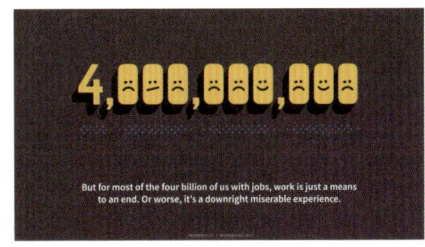

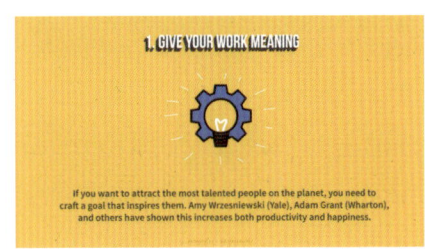
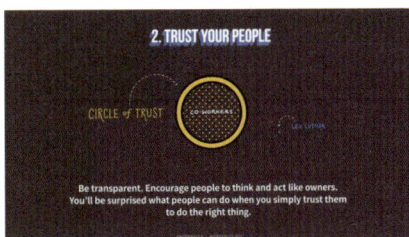
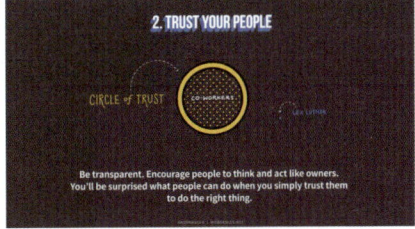

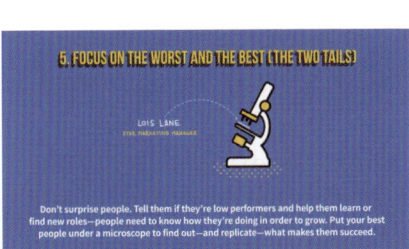

구글 (Google)

02

이 기업 모르면 외계인

아마존

아마존(Amazon)는 어떤 기업일까?

회사명: 아마존(Amazon)
업종: 인터넷 정보 서비스
매출: 500조 8420억 원(3867억 7000만 달러)
사원수: 155만 명

　아마존은 미국의 인터넷 플랫폼 기업으로, 세계 최대의 온라인 쇼핑몰 기업이자 클라우드 컴퓨팅 서비스 기업이다. 1994년 인터넷 서점으로 시작해 현재 미국 온라인 쇼핑몰 매출 1위, 미국 전체 온라인 소매 시장의 약 절반을 차지하고 있다.

아마존 (Amazon)
컬쳐북 맛보기

☑ 총 페이지

목차 없이 총 34페이지로 구성했다.

☑ 페이지 구성 특징

각 페이지 당 한 문장 정도 길이의 키워드 중심으로, 아마존의 창업자이자 초대 CEO인 '제프 베이조스'의 말을 인용하여 구성했다.

☑ 전체적인 흐름

1. 우리의 미션, 약속, 경영철학
2. 우리가 가진 혁신의 문화
3. 우리가 혁신을 체계화하는 방법: 매커니즘, 설계, 문화, 조직

아마존(Amazon) 컬쳐북을 알아봅시다

아마존의 컬쳐북은 '혁신의 문화: 고객을 위한 혁신 지원'이라는 제목을 내세우며 시작한다. 컬쳐북 전반에 걸쳐 '고객'이라는 키워드가 자주 등장하고 있는데, 실제로 '고객 중심 경영'이라는 경영 철학이 아마존의 시스템, 문화, 의사결정 프로세스 등에 녹아져 있다.

> '발명은 다양한 형태와 규모로 이루어집니다.
> 가장 급진적이고 혁신적인 발명은 사람들에게 자신들의
> 창의력을 펼칠 힘, 꿈을 펼칠 힘을 선사하곤 합니다.'

아마존의 창업자이자 초대 CEO인 '제프 베이조스'의 인용구를 가장 첫 페이지에 삽입했다. 아마존이 제공한 서비스를 통해 다양한 사람들이 엄청난 가치를 창출할 수 있었다는 것을 암시할 수 있는 대목이다. 이어지는 페이지에서는 편지글의 형식으로 아마존이 달려온 길을 독자에게 소개하고 있다. '인터넷을 사용하여 고객에게 실질적인 가치를 창출'할 것을 다짐함으로써 앞으로 나아갈 방향성을 되새겼다.

아마존의 미션은 '지구상에서 가장 고객 중심적인 회사가 되는 것'이다. '고객 만족'이라는 단어로는 고객의 중요성을 설명하기 힘들어 '고객 집착'이라는 용어를 만들었을 정도이다. 아마존은 현재까지 고객들의 불만을 해결해줄 수 있는 상품이나 서비스를 개발함으로써 이를 실현하고 있다. '우리는 고객으로부터 시작해서 거꾸로 일을 한다.' 아마존의 혁신이 시작되는 곳은 '고객'에서 시작함을 밝힌다. 아마존은 '기술을 위한 기술' 보다는 '고객을 위한 기술'을 개발하여 그 무엇보다 고객 가치를 최우선으로 둔다.

아마존이 중요하게 여기는 문화는 무엇일까? 아마존은 4개의 혁신 문화 각각 한 문장씩 정리하여 제시했다. 첫째, 앞서 언급했듯이 아마존은 고객 중심을 넘어선 '고객 집착(Customer Obsession)'을 내세운다. 둘째, 비전을 지키는 것에는 고집이 있어야

하지만, 전략은 상황에 따라 유연하게 수립한다. 셋째, 창의력을 발휘하려면 실패를 감수해야 한다. 넷째, 새로운 길을 개척하는 선구자가 되기 위해 오랫동안 기꺼이 오해를 받을 의지를 가진다.

아마존의 사업 모델, 이른바 '플라이 휠(Flywheel)'은 아마존의 '고객 집착'을 잘 반영한다. 아마존의 플라이 휠의 구조는 다음과 같다. 우선 고객에게 다양한 선택지를 제공한다. 고객에게 다양한 옵션을 제공하면, 고객의 경험치가 더 좋아지고, 더 좋아진 고객만족도와 경험치로 고객 수가 증가한다. 이때 아마존은 이익을 극대화하기 보다는 이를 가격 인하로 연결한다. 이렇게 합리적인 가격에 넓은 선택지를 제공하여 다시 고객 경험을 개선하고 더 사용자를 늘리고, 이렇게 갖춘 규모의 경제를 통해 아마존은 더 강력한 원가구조를 가져가게 된다. 아마존의 사업모델의 구축을 위해 어떤 경우에도 지키려고 하는 고객관점의 밸류 포인트 세 가지, 가격(가격 인하), 선택지(다양한 옵션), 편의성(프로세스 간소화)도 함께 제시했다.

> '비전은 고집스럽게 지켜야 하며,
> 디테일한 전략, 전술에서는 유연해라.'

아마존의 제프 베이조스는 비전에 집착하고 쉽게 포기하지 않는 것, 그리고 문제를 해결하기 위해 전략을 융통성 있게 내세우는 것의 중요성을 이야기했다.

최고의 혁신을 위한 아마존의 일하는 방식을 아래와 같이 설명하고 있다.

아마존은 문제가 발생했을 때 어떻게 해결하는가? 아마존은 문제해결 매커니즘 3가지를 원칙으로 두고 일한다. '역방향으로 일하기', '앤돈코드', '오류 수정(COE)'이 바로 그것이다. '역방향으로 일하기'는 고객을 생각하며, 그들의 문제를 찾고, 그 문제를 해결했을 때 기대되는 결과를 생각해보는 프로세스이다. '앤돈코드'란, 제조과정에서 결함이 발생하면, 전체 생산라인을 중지시키고 도움을 요청하도록 하는 제도이다. 문제를 해결하기 위해, 자신이 담당한 주제에 대해 최고 수준의 전문성을 지니고 있는 팀, '오류 수정(COE)'를 통해 해결한다.

아마존의 설계의 원칙 3가지, 마이크로서비스 아키텍처(micro Service Architecture), 느슨한 결합(Loosely Coupled Applications), 셀프 서비스 플랫폼(self Service Platforms)를 제시했다.

다음으로 아마존의 문화에 대한 설명이 이어진다. 아마존은 '설계자, 혁신가, 기업가'의 정신을 가지고 주도적으로 일하며, '리더십 원칙'에 따라 구성원 모두가 아마존의 미션을 달성하기 위한 리더라고 생각한다. 또한 자주 실험하고 실패하고 반복할 것을 강조하며, 작은 팀 단위로 소규모 커뮤니케이션을 활발히 할 것을 명시했다.

이 컬쳐북은 제프 베이조스의 '고객을 최우선으로 생각하고, 발명하며, 인내하라'는 인용문을 끝으로, 고객가치를 한 번 더 강조하며 마무리된다.

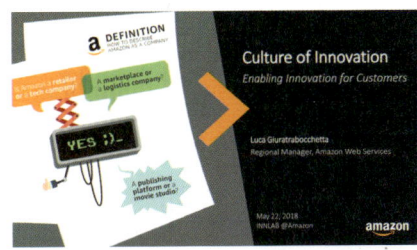

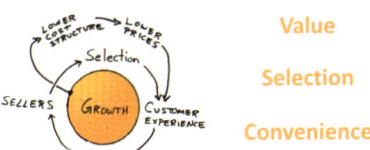
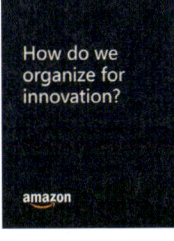
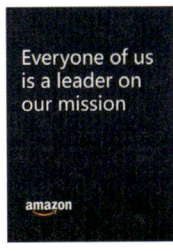

03

글로벌 1위 OTT 플랫폼

넷플릭스
Netflix

넷플릭스(Netflix)는 어떤 기업일까?

회사명: 넷플릭스
업종: 디지털 미디어 서비스
매출: 10조 1911억 원(78억 94백만 달러)
사원수: 약 1만 6,500명

1997년에 설립된 넷플릭스는 전 세계의 주목을 받고 있는 '세계 최대 유료 동영상 스트리밍 서비스(OTT)'로, 유료 가입자만 2억 3000만 명에 이르는 거대 미디어 기업이다. 처음에는 비디오 대여 사업부터 시작, DVD를 거쳐 현재는 온라인 스트리밍을 위주로 서비스하고 있다. 본사가 있는 미국뿐 아니라 캐나다, 멕시코, 유럽 일부 국가, 한국, 일본 등 전 세계로 서비스를 확대하고 있다.

넷플릭스 (Netflix)
컬쳐북 맛보기

☑ 총 페이지

총 127페이지로 구성되어 있다.

☑ 페이지 구성 특징

페이지 하나당 짧은 글로 구성되어 있으며, 디자인적 요소보다 컨텐츠에 중점이 맞춰져 있다.

☑ 전체적인 흐름

1. 우리가 실제로 가치 있게 여기는 것이 가치다.
2. 뛰어난 퍼포먼스
3. 자유와 책임
4. 통제가 아닌 맥락의 전달
5. 강하게 연결되어 있되, 느슨하게 짝지어진 조직 구성
6. 동종 업계 최고 임금으로 대우
7. 승진과 자기 계발의 기회

넷플릭스(Netflix) 컬쳐북을 알아봅시다

넷플릭스의 컬쳐북은 페이스북 최고 운영책임자, 쉐릴 샌드버그가 "실리콘 밸리에서 만들어진 가장 중요한 문서"라고 극찬했던 자료이다. 그 정도로 많은 기업에서 추구하고자 하는 내용들이 이 컬쳐북에 집약적으로 담겨있다. 실제로 넷플릭스의 컬쳐북을 실리콘 밸리의 많은 기업이 벤치마킹하여 자신들의 문화를 명시적으로 정립하기도 했다.

넷플릭스의 조직문화는 자율과 책임(F&R, Freedom and Responsibility)의 문화다. 규율과 통제에 의해 사람을 움직이는 것이 아닌, 한 명의 성숙한 어른으로서 직원이 스스로 행동하고 판단하기를 기대한다. 이런 믿음 속에 넷플릭스는 전통적인 회사에서는 상상도 할 수 없는 자유를 보장하고 있다.

'넷플릭스의 문화: 자유와 책임'이라는 제목으로 시작하는 이 컬쳐북은 크게 7가지의 관점으로 넷플릭스의 문화를 설명하고 있다.

첫 번째 관점, '우리가 실제로 가치 있게 여기는 것이 가치다'. 회사의 진짜 가치는 누가 보상받고, 승진하고, 해고되는지로 나타난다. 회사의 실제 가치는 (로비에 걸린 그럴 듯 해보이는 구호가 아니라) 회사와 동료 직원들이 가치 있게 여기는 행동과 능력 속에 있는 것이다. 넷플릭스는 다음의 아홉 가지를 만족하는 사람을 고용하고 승진시키며, 이 아홉 가지 가치를 내재한 직원들과 일하기를 바란다고 이야기하고 있다.

Judgement : 판단력 / Communication : 소통 / Impact : 임팩트 /
Curiosity : 호기심 / Innovation : 혁신 / Courage : 용기 /
Passion : 열정 / Honesty : 정직 / Selflessness : 이타적 행동

그리고 이 가치들은 채용, 평가, 연봉, 승진의 핵심 기준이 된다고 밝혔다.

두 번째 관점, '뛰어난 퍼포먼스'이다. 근무하는 모든 사람이 존경할 만하고, 배운 사람이면 어떨까? 넷플릭스는 훌륭한 일터란 많은 복지 혜택, 고급 오피스가 아니라 멋진 동료들이 있는 곳이라고 표현한다. 넷플릭스는 멋진 동료들이 가득한 환경을 만들고 유지하려 애쓴다. 다른 회사가 그렇듯 잘 채용하려 애쓴다. 여느 회사와 다른 점은 어지간한 성과를 내는 사람들을 퇴직금을 많이 주면서 내보낸다. '우리는 가족이 아니고 프로다'라고 직설적으로 표현하여 넷플릭스가 추구하는 성장과 탁월함의 가치를 강조했다.

세 번째 관점, '자유와 책임'이다. 책임감 있는 사람은 자유 속에서 성장하고, 자유를 누릴 가치가 있다. 넷플릭스의 모델은 직원의 자유를 늘려서 창의적인 사람들을 계속 키워가는 것이라고 설명한다. 이를 통해 넷플릭스는 지속적인 성장의 기회를 얻는다.

네 번째 관점, '통제가 아닌 맥락 전달'이다. 훌륭한 매니저는 사람들을 통제하는 대신 맥락을 적절하게 전달함으로써 좋은 결과를 끌어낸다. 맥락은 올바르게 결정하는데 필요한 통찰과 이해를 제공한다.

다섯번째 관점, '강하게 연결되어 있되, 느슨하게 짝지어진 조직 구성'이다. 강하게 연결되어 있되, 느슨하게 짝지어진 팀워크의 유효성은 높은 퍼포먼스를 가진 구성원과, 좋은 맥락에 달려 있다. 목표는 Big and Fast and Flexible(거대하며, 빠르며, 유연한 조직)이다.

여섯 번째 관점, '동종 업계 최고 임금으로 대우'하는 것으로, '시장에서 최고의 보상을 지불하는 것이 최고 성과를 내는 문화의 핵심'이라고 설명했다. 넷플릭스 다소 냉엄한 방식으로 '최고로 대우해줄 테니 최고의 성과를 창출하라'고 표현했다. 업계 최고의 대우를 제공하겠지만, 그만큼의 탁월함을 증명해내지 못하면 언제든 내보낼 수 있다는 방침을 공식적으로 밝히고 있다. 이어 '연봉 협상', '임금 예산', 그리고 '연봉 인상' 등을 가감 없이 투명하게 다뤘다.

마지막으로, '승진과 자기 계발의 기회'에 대해 다뤘다. '특정 기간, 특정 팀에는 특별한 기회와 성장이 있을 것'이라고 설명하는 동시에, 어떤 팀에는 성장의 기회가 충분하지 않을 수 있음을 드러냈다. 넷플릭스는 사람들이 각자의 커리어를 관리하길 원하며, 경력에 대한 계획을 회사에 의존하지 않길 원한다. 구성원의 경제적 안정은 실력과 명성에 기반한다. 넷플릭스는 구성원들이 훌륭한 동료들 사이에서 함께 성장할 기회를 꾸준히 제공하기 위해 노력한다.

넷플릭스의 컬쳐북 속 문장들은 짧고 명확하다. 겉보기엔 그럴듯하지만 애매모호한 단어를 나열하는 대신, 넷플릭스가 원하는 것을 단도직입적으로 말하고 이를 위해서 어떻게 행동해야 하는지를 분명하게 설명하고 있다.

넷플릭스의 문화 : 자유와 책임

우리 문화의 일곱 가지 관점

- 우리가 실제로 가치 있게 여기는 것이 가치다.
- 뛰어난 퍼포먼스
- 자유와 책임
- 통제가 아닌 맥락의 전달
- 강하게 연결되어 있되, 느슨하게 짝 지어진 조직 구성
- 동종 업계 최고 임금으로 대우
- 승진과 자기 계발의 기회

회사의 실제 가치는
동료직원들이 가치 있게 여기는
행동과 능력 속에서 드러난다.

넷플릭스에 근무하고 있는 모든 사람들이
존경할 만하고 배울 만한 사람이라면
어떨지 상상해보자.

자율과 책임 요약:

성장하면서도, 규칙을 최소화하라.

뛰어난 직원을 고용하여 혼돈을 억제하라.

효율성보다 유연성을 갖추는 것이
장기적으로 더욱 중요하다.

탁월한 매니저는 사람들을 통제하는 대신
적절한 맥락을 전달함으로써
어떻게하면 좋은 결과를 얻을 수 있을 지 생각한다.

고도로 정렬하고 느슨하게 결합하라

고도로 정렬
- 전략과 목표는 명확하고 조직 모두에게 이해돼야 함
- 팀 상호 작용은 전략과 목표에 집중하여야 함
- 투명하고 유연하며 통찰력 있으려면 관리(management)에 많은 시간을 기울여야 한다.

느슨한 결합
- 서로 다른 업무 간의 미팅은 최소화
- 그룹 간의 신뢰(빠르게 행동할 수 있다)
- 리더는 적절한 시각으로 상황과 행동으로 활동에 참여해야 한다.
- 유기성을 높이는 사후 검토는 필수적이다

동종업계 최고 임금으로 대우

우리의 목표는 직원들의 임금을 업계 최고로 유지하는 것이다.

- 다른 어떤 회사보다 높은 대우
- 대체 인력을 구하는 비용만큼 높은 대우
- 다른 회사의 더 높은 임금을 제시 받은 직원에게, 그와 같은 조건을 제시

Part 5

직원들이
참여하는 문화

해외 마케팅 사례

The Power of
Organizational
Culture

사람들을 이끌려면
먼저 'WHY'를 말하라

Simon Sinek 나는 왜 이 일을 하는가 저자

직원들이 참여하는 문화

현대 기업은 직원들의 참여와 창의성을 적극적으로 활용하여 성공을 거두고 있다. 이를 위해 많은 기업은 직원들이 참여하는 문화를 구축하고 있으며, 이러한 문화는 직원들의 열정과 동기부여를 높이고, 기업의 성과에 긍정적인 영향을 미치고 있다.

해외 마케팅 기업 중 하나인 허브스팟(HubSpot)은 직원들이 참여하는 문화를 중요시하며, 직원들의 참여를 촉진하는 다양한 제도와 활동을 시행하고 있다. 이 회사는 주식 보유 계획을 통해 모든 직원이 회사의 성장과 이익에 직접적으로 참여할 수 있도록 하고, 급여와 복리후생 등 다양한 혜택을 제공하여 직원들의 참여와 애정을 증진하고 있다.

또한, 허브스팟(HubSpot)은 직원들이 개인적인 역량과 관심을 발휘할 수 있는 다양한 프로그램을 제공하여 직원들이 더욱 참여할 기회를 제공하고 있다. 이를 통해 직원들은 자신의 아이디어를 제안하고, 적극적으로 참여할 기회를 얻을 수 있다.

이와 같이 직원들이 참여하는 문화를 구축하는 것은 기업의 성과와 경쟁력을 높이는 데 매우 중요하다. 직원들은 기업의 성장에 큰 역할을 하기 때문에, 그들의 참여와 창의성은 기업의 성과에 긍정적인 영향을 미친다. 따라서, 기업은 직원들이 참여할 수 있는 다양한 프로그램과 제도를 만들어 그들이 열정적으로 참여할 수 있는 문화를 구축하는 것이 중요하다.

01

세계적인 광고회사가 된 프랑스 IT기업

크리테오
CRITEO

크리테오(CRITEO)는 어떤 기업일까?

회사명: 크리테오(Criteo)
업종: 광고 마케팅
매출: 2,600억 4,407만 원(1.87억 유로)
사원수: 약 2,700명

크리테오는 프랑스의 광고 마케팅 기업으로, 2005년에 설립되었다. 이 기업은 웹 검색 기록, 쿠키, 기타 사용자 행동 데이터를 분석하여 개인 맞춤형 디지털 광고를 제공한다. 크리테오는 제품 및 상품 광고, 동적 광고 생성 및 퍼스널라이제이션, 퍼포먼스 마케팅 및 리타겟팅 등을 위한 광고 기술을 제공한다. 이를 통해 광고주들은 보다 효율적이고 효과적인 디지털 광고 캠페인을 수행할 수 있는 것이다. 크리테오는 현재 전 세계 30여 개국에 사무실을 두고 있으며, 다양한 산업 분야에서 다양한 광고주와 협업하고 있다.

크리테오 (CRITEO)
컬쳐북 맛보기

☑ 총 페이지

총 80페이지로 구성되어 있다.

☑ 페이지 구성 특징

광고 마케팅 회사의 컬쳐북이라는 설명이 없어도 왠지 상상이 갈 정도로 화려하고, 마치 광고의 한 장면을 캡쳐한 것 같은 페이지 구성의 특징을 보인다.

☑ 전체적인 흐름

1. 크리테오의 한 문장
2. 3가지 핵심 열쇠
   - 우리는 누구인가?
   - 우리는 어떻게 행동하는가?
   - 우리는 무엇을 하는가?
3. ESG
4. 크리테오만이 가지고 있는 것.
5. 직원 복지
6. 크리테오의 수장, 리더

크리테오(CRITEO) 컬쳐북을 알아봅시다

'크리테오에서 우리의 미래는 활짝 열려 있다!' 라는 말로 컬쳐북이 시작된다. 미래를 활짝 열고 싶은가? 좋은 제품을 향해 달려가며 또한 위대한 사람이 되고 싶은가? 그렇다면 당신이 있을 곳은 바로 여기이다. 라는 강렬한 말로 첫 포문을 연다. 시작부터 기업 크리테오의 강한 자신감이 느껴진다.

이들은 자신들의 이야기는 아주 '거창한 생각'에서 시작되었다고 말한다. 이들은 모두가 무리라고 말할 수 있을 '그만큼'을 지향하였고, 최고로 거창한 생각을 시작했다. 그리고 바로 그 거창한 생각에서부터 크리테오의 모든 것이 시작되었으며 결국 현재 프랑스 광고 업계에서 '나만 알고 싶은' 광고 기술을 보유한 곳이 되었음을 밝힌다.

기업 크리테오가 이렇게 성장할 수 있었던 이유는 무엇일까? 바로 이들은 '신뢰할 수 있고 효과적인 광고를 통해 많은 이들의 사업에 힘을 실어주는 업무를 수행한다'는 미션을 가지고 있기 때문이다. 다른 이들의 사업에 힘을 실어주기 위해 더욱 치열하게 고민하고 책임지려 노력한 이 실천이야말로 많은 '마케팅 담당자'와 '미디어 소유자'에게 사랑받게 된 비결임을 밝힌다.

핵심가치 3가지를 강조한다.

우리는 누구인가? 기업 크리테오는 열린 마음을 믿고, 위대한 정신을 가진 사람들이 함께 일하여, 사고와 문화의 다양성을 촉진하는 광고 회사이다.
그렇다면, 우리는 어떻게 행동하는가? 크리테오는 함께 건설하고, 함께 성취하고, 함께 축하하며, 함께 행동한다.
마지막으로 우리는 무엇을 하는가? 크리테오는 지속 가능한 영향력을 창출할 수 있는 옳은 일을 해나가는 곳이다.

크리테오는 또한 자신있게 말한다. '너는 너로 기능하라! 그리고 네가 하는 일을 진정으로 즐겨라!' 라고 말이다. 기업 크리테오는 일을 진지하게 생각하고 임하는 것은 당연하지만, 그 일을 하는 동안은 재미있게 놀고 있었다는 것을 고백한다. 그렇지 않았다면 지금의 크리테오는 존재하지 않았을 것이라 말한다. 진지하게 임하는 것과 별개로 이 일을 진정으로 즐길 줄 아는 태도 또한 온전히 자신의 모습으로 임하였을 때 가능한 것이기 때문이다.

그렇기에 이들은 '머리가 긁혀지는 문제'를 발견하고 그것에 대한 솔루션을 찾는 것에 열정을 쏟고 있다. 머리가 깨질 듯하고 긁혀지는 것 같은 문제를 피하지 않는다. 왜냐하면 이들은 그런 문제에 직면했을 때야말로 예상하지 못한 방식으로 성장할 수 있다는 사실을 알고 있기 때문이다. 실로 도전과 자신감이 드러나는 대목이 아닐 수 없다.

크리테오의 눈은 항상 떠있다. 이 산업의 지속적인 발전과 성공을 위해 필요한 혁신에 기여하기 위해서는 한 순간도 그 시야를 좁혀서는 안 되기 때문이다. 그렇게 강한 의지로 떠 있는 눈은 새로운 아이디어를 가져올 것이다. 결국 새로운 문을 열 수 있는 큰 가능성을 만들어주는 것이다. 이들의 새로움을 향한 갈망과 집요한 시선을 놓치지 않으려는 다짐이 느껴진다.

개방은 책임감을 의미한다. 이는 개방적인 문화를 만드는 것은 훌륭한 역할 모델을 갖는 것에서 시작한다고 말한다. 크리테오의 역할모델은 바로, 리더이다. 리더는 공개적으로 소통하고 변화를 주도하는 훌륭한 역할모델로서 귀감이 된다. 뿐만 아니라 구성원들끼리도 끊이지 않는 프로젝트 활동과 그에 따른 협력의 활동 자체는 서로에게 훌륭한 영향을 끼치고 있음을 시사한다.

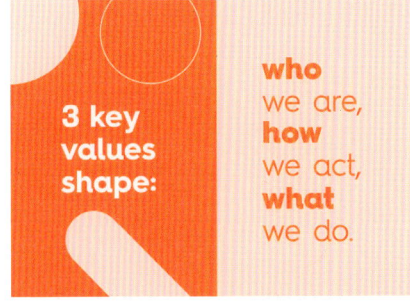

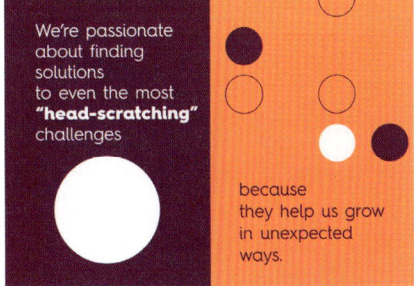
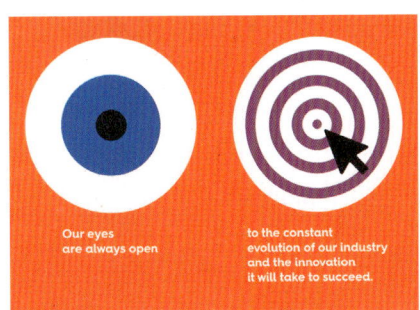

02

AI 기반의 대만 100대 기업

아이칼라
ikala

아이칼라(ikala)는 어떤 기업일까?

회사명: 아이칼라(ikala)
업종: AI 기반 마테크 솔루션
매출: 427억 6천만원(NT$10억)
사원수: 약 180명

아이칼라는 2013년에 창립된 대만의 멀티 AI 회사이다. 아이칼라는 인공지능 기술을 사용하여 고객의 문제를 해결하고 기업을 변화시키는 혁신적인 솔루션을 제공한다. 아이칼라는 중앙아메리카와 아시아 태평양 지역에 걸쳐 7개 국가에서 많은 직원으로 구성된 글로벌 기업이다. 광범위한 경험과 역량을 갖춘 팀이 다양한 산업 및 분야에서 고객의 요구에 맞는 솔루션을 제공한다.

아이칼라의 주요 제품 및 서비스에는 데이터 분석, 인공지능, 머신러닝, 클라우드 컴퓨팅, 디지털 전환, e-커머스, 빅데이터 등이 있으며 이를 통해 고객이 직면한 복잡한 문제를 해결하고 비즈니스를 성장시키는 데 도움을 준다. 고객의 문제를 해결하면서도 기업의 사회적 책임을 다하고 있다. 지속가능한 발전과 사회적 기여를 위해 다양한 캠페인과 프로그램을 운영하고 있으며, 이를 통해 지속가능한 성장과 더 나은 미래를 만들기 위한 노력을 기울이고 있다.

아이칼라 (ikala)
컬쳐북 맛보기

☑ 총 페이지

총 40페이지로 구성되어 있다.

☑ 페이지 구성 특징

세로 책자형으로 만들어졌으며, 마치 뉴스 페이퍼와 같은 형태로 자세한 설명과 사진들로 구성되어 있다.

☑ 전체적인 흐름

1. Mission and Vision
2. Core Values
3. ikala의 ESG

아이칼라(ikala) 컬쳐북을 알아봅시다

기업 아이칼라의 미션과 비전에 대해 소개하며 아이칼라의 [WHY, HOW, WHAT]을 원페이지로 정리해 나타냈다. "Enable AI Competencies(인공지능 역량강화)"라는 비전을 가진 아이칼라는 AI가 중심이 되기보다, 인간을 중심에 놓고 AI의 역량을 활성화하여 유지하자는 솔루션을 제공하고자 한다. 이들은 이것이 장기적으로 봤을 때 분명히 나아가는 길이라고 믿는다.

이들은 왜(WHY)존재하는가? 모두가 AI의 혜택을 받을 수 있도록 하기 위해서이다.

그렇다면 이들은 어떻게(HOW) 그것을 실현하는가? 인간 중심 AI 솔루션을 제공하여 AI 역량을 활성화할 수 있는 능력을 통해 실현할 수 있다.

마지막으로 이들은 대체 무엇을(WHAT) 위해서 이렇게 하는가? 기업, 상인 및 아이칼라의 DAA 플라이휠을 사용하는 고객들을 위한다. 고객들을 위해 끊임없이 자신을 연단하며, 인간중심의 방향으로 나아가도록 노력을 기울이고 있다고 밝힌다.

아이칼라의 가장 최우선적인 대원칙이자 원리가 바로 '인간중심'임을 밝힌다. 인간중심은 모든 직원이 성장하고 회사의 비전을 실현하도록 촉진한다. 이를 바탕으로 8가지 핵심가치가 등장하는데, 이 핵심가치를 통해 적절한 인재를 찾을 수 있고, 그 인재를 통해 아이칼라의 혁신이 더욱 세워질 수 있음을 확인할 수 있다.

① 자유와 책임
② 고객 집착
③ 현실을 있는 그대로 받아들이는 것
④ 투명성

⑤ 성장 마인드셋
  마음가짐을 가지는 것을 성장에 초점을 맞춰서 나아갈 것을 강조한다.
⑥ 다양성
⑦ '적은 것'이 더 많을 것이라는 원칙
  양에 집착하지 말고, 질적인 것에 마음을 쓰길 바라는 마음이 담겨있다.
⑧ 지속가능성

이 핵심가치들은 우선 기업 자체가 구성원들 중심으로 바라보며 진행하고 있을 때 제대로 기능한다. 기업이 먼저 구성원 각각을 인간중심으로 삼고 나아갈 때 비로소 진정한 고객중심도 이룰 수 있다는 것을 말하며 인간중심의 대원칙을 강조하고 또 강조한다.

이때 이들이 내리는 모든 결정에서 따르는 첫 번째이자 마지막 나침반은 아이칼라의 문화이다. 그 문화와 비전의 핵심이 바로 '인간중심'이라는 것인데, 어떤 사람들은 '인간 중심'이라는 개념을 만든 상황과 어떻게 그것이 아이칼라를 이끄는 핵심이 되었는지 모를 것이다. 그를 설명하기 위해 부대표의 설명을 넣어 이해를 돕는다. 그는 자신이 처음 아이칼라에 들어오게 되었을 때를 회상하며, 과거에 '인간 중심'이라는 키워드가 없었을 때에도 아이칼라는 계속 사람 중심으로 진행되고 있었다고 말한다. 이들이 다양한 기업을 위해 만들어낸 제품 서비스, 클라우드 기반 인프라, AI마케팅 및 비즈니스 기술에 이르기까지. 이 모든 제품과 서비스는 기술과 인간성의 결합이었음을 밝힌다. 사람들이 더 많은 가치를 창출하고 '사람'이 세상에 더 많은 영향을 끼치기를 바랬고, 실제로 그런 멋진 결과를 얻었다는 것을 밝힌다. 결국 지금까지 해왔던 모든 것들이 '인간 중심'의 생각과 기술이 합쳐진 결과였음을 설명하여, 새로 아이칼라에 들어와 이 책을 보게 될 사람들에게 친절한 이해의 설명을 남긴다.

아이칼라는 이 '인간 중심'이라는 문화를 실제 기업의 운영에서 어떻게 적용하고 있는지를 각 구성원들의 인터뷰를 통해 자세히 설명한다. 금융, 해외 산업, 코로나 19 등의 다양한 상황들에서 어떻게 '인간 중심'이 지켜지고 있는지 볼 수 있으며, 이 컬쳐북을 보는 사람으로 하여금 회사의 '문화'를 정말 철저하게 지키고 있다라는 것을 깨닫게 한다.

인간중심은, '모든 직원이 회사의 비전을 성장시키고 실현할 수 있도록 그들을 지원하는 것'이다. 현재 아이칼라 수석 디자이너의 인터뷰를 실었다. 그는 아이칼라에서는 모든 사람들이 새로운 것을 시도할 때 열린 마음을 유지한다고 말한다. 긍정적인 피드백을 제공하기를 열망하며, 효과적인 도구를 발견할 때마다 어떻게든 빨리 서로 공유하기 위해 노력하는 조직임을 밝힌다. 내부 교육을 담당하는 인사부도 구성원들이 배우고자 하는 것을 발견하기 위해 적극적으로 나선다. 실제로 이 수석 디자이너가 '피그마'라는 프로그램에서 몇 가지 의미있는 도구들을 발견하고 이를 나누고 싶다고 인사부에게 공유하자, 바로 사람들을 모아 지식을 전수할 수 있는 디바이커의 현장을 마련해 주었다. 그는 개인적인 성장뿐아니라 팀 전체를 더 좋게 만들 수 있도록 하는 곳이 아이칼라라는 칭찬으로 인터뷰를 마무리한다.

인간중심은, '다른 사람들에게 영감을 주고 더 나은 방향으로 발전하는 것'이다. 아이칼라에서 일하면 굉장히 빠르게 변화하는 다국적 팀에서 동료와 함께 성장할 수 있다 말하며, 아이칼라 수익 운영 이사의 인터뷰를 실었다. 그는 처음에 회사에 들어온 후 팀으로 일하는 것의 기쁨을 느꼈다고 말한다. 아이칼라는 고객 중심의 사고로 생각하는 법을 지킨다. 또 서비스를 중단한 고객이 왜 그런 선택을 했는지, 경쟁사와 비교하며 끝까지 파고들어 그 이유를 찾는 이기는 사고방식으로 일한다. 주말에 고객에게 연락이 오더라도 팀 전체가 다같이 해결하려 하는 긴박감까지 갖추고 있다. 그는 이 3가지 포인트를 모두 경험한 후 아이칼라에서 계속 일하기로 다짐했다고 한다. 그는 현재까지도 서로가 문제에 직면하면 모두 함께 해결하는 원팀의 사고방식을 가지고 일한다. 이런 팀과 함께 성장할 기회를 얻은 것 자체가 자신이 상상할 수 있는 가장 큰 보물이라고까지 말한다.

인간중심은, 'AI는 인간의 대체품이 아니고, 인간이 존재하는 것에 도움을 주는 보완의 도구라고 생각하는 것'이다. 수석 제품 매니저의 말을 실었다. 그는 어떤 프로젝트에 직면할 때마다 끊임없이 질문을 던진다. '우리 제품의 목표와 비전은 무엇인가?' '누구를 모셔야 할까?', '사용자의 흐름을 어떻게 더 확실하게 분석할 수 있을까?' 이렇게 말이다. 이런 질문들을 통해 고객이 AI를 사용하며 마주하는 어려움을 찾고, 이 AI가 온전히 고객에게 도움을 줄 수 있도록 제품을 매니징하는 것. 그것이 아이칼라가 인공지능을 주력으로 삼는 동시에 인간중심을 가지고 일하는 방법이라 말한다.

아이칼라는 ESG의 긍정적인 영향과 비즈니스에 제공하는 가치를 극대화하기 위해 노력한다. 기업의 사회적 책임을 통감한다. 기업의 목적은 모든 고객의 가치를 창출하는 것임을 밝힌다. 이런 목적 지향적인 ESG 전략을 통해 스스로에게도 긍정적인 영향을 미쳤으며, 비즈니스에 제공하는 가치를 극대화하였다며 자랑스럽게 말한다.

실제로 2021년에 기업의 사회적 책임 프로젝트를 성공적으로 진행했다. 아이칼라의 시니어 AI 인턴 "프로그램 개발"로 AI 인플루언서 마케팅 및 소셜커머스 교육을 진행했다. 이 과정은 대만의 노인들이 따라갈 수 있도록 지원하였다. 최신 트렌드로 디지털 격차를 해소하고 고령 노동 시장을 활성화해 노동인력도 제공함으로써 지역 활성화에 기여하였다는 평을 받는다.

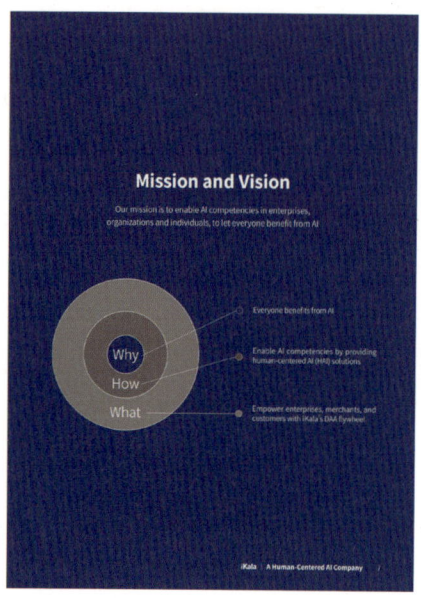

Human-Centered: A Beautiful Flower Built with Teamwork

Human-centered is treating employees as the most valuable assets of the company.

By Fiona Chou, Senior Vice President of Corporate Business Development & Communication, iKala

An Open Culture Creates a Positive Cycle of Sharing and Communication

Human-centered is facilitating every employee to grow and realize the company's vision.

Dictated by Tammy Chen, Chief Designer, iKala
Written by Iris Hung

Growing with Colleagues in a Fast-paced Multinational Team

Human-centered is inspiring others and improving for the better.

Dictated by Ally Wang, Revenue Operations Director, ShopLus
Written by Iris Hung

I Wish to Develop More Products that Customers Want with iKala's Technology

Human-centered is considering AI technology as a complement to human-beings instead of a substitute.

Dictated by Finn Yeh, Senior Product Manager, KOL Radar
Written by Iris Hung

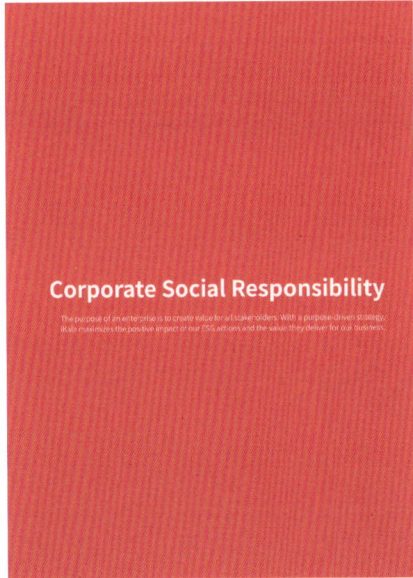

Corporate Social Responsibility

The purpose of an enterprise is to create value for all stakeholders. With a purpose-driven strategy, iKala maximizes the positive impact of our ESG actions and the value they deliver for our business.

Social

Launched private social responsibility projects in 2021. Develop "iKala Senior AI Intern" program to deliver AI influencer marketing and social commerce training courses, empower senior citizens in Taiwan to keep up with the latest trend, close the digital divide, and revitalize the senior labor market.

Contribute to regional revitalization by providing hands-on training of AI social commerce tools to local retailers, and guiding them through digital transformation.

Part 5 직원들이 참여하는 문화 [해외 마케팅 사례]   147

03

디지털 마케팅 에이전시

엑셀레이션 파트너스
Acceleration partners

엑셀레이션 파트너스(Acceleration partners)는 어떤 기업일까?

회사명: 엑셀레이션 파트너스(Acceleration Partners)
업종: 글로벌 제휴 마케팅 대행사
매출: 22년 기준 고객 수익 창출 9조 4530억 원(73억 달러)
사원수: 약 250명

디지털 마케팅 및 파트너십 마케팅 분야에서 선도적인 국제 기업 중 하나다. 본사는 미국 매사추세츠 주 보스턴에 위치하고 있으며, 미국, 유럽, 아시아 태평양 지역 등 세계 각지에 사무실을 두고 있다.

엑셀레이션 파트너스(AP)는 주로 전 세계적으로 다양한 파트너십 마케팅 서비스를 제공하고 있다. 이를 위해 기업들의 성장과 관련하여 다양한 디지털 마케팅 전략을 구성하고, 이를 실행하며 최적화하는 일련의 과정을 수행한다. 특히, 기업과 파트너사 간의 관계를 중심으로 마케팅 전략을 구성하고, 파트너십 마케팅 프로그램을 개발하는 일을 전문적으로 수행하고 있다. 또한, 최신 기술과 플랫폼을 활용하여 디지털 마케팅 및 파트너십 마케팅 분야에서 꾸준한 성장을 이루고 있다.

엑셀레레이션 파트너스 (Acceleration partners) 컬쳐북 맛보기

☑ 총 페이지

총 17페이지로 구성되어 있다.

☑ 페이지 구성 특징

사진 없이 전체 모두 글로 구성되어 있다. 하지만 한 페이지에 핵심의 문장들만 담아 피로감이 없으며, 깔끔하고 내용이 잘 요약된 구성 특징을 가지고 있다. 핵심가치 설명 다음 장에 바로 핵심가치에 대한 이해를 도울 수 있는 유명인들의 '한 문장'을 추가하여 이해를 돕고 있다.

☑ 전체적인 흐름

1. 컬쳐북을 시작하는 이유
2. 우리의 문화
3. 우리가 신뢰하는 것
4. 우리의 핵심 가치 : 책임감 · 이해하라 · 항상 나아져라 · 작업은 완벽하게 완료하라 · 진정한 파트너십 · 얼간이는 필요없다

엑셀레이션 파트너스 (Acceleration partners)의 컬쳐북을 알아봅시다

"직원들이 회사를 먼저 사랑하기 전까지는
고객들은 회사를 절대 사랑하지 않을 것입니다."

AP는 이 컬쳐북을 시작하게 된 이유를 한 문장으로 정의 내린다. 이 문장 하나가 가지고 있는 힘이 컬쳐북 전체의 큰 틀을 잡아준다. AP의 컬쳐북은 구성원들이 회사를 이해하는 것을 넘어 사랑할 수 있도록, 그리고 이 회사가 사랑할 만한 가치가 있다는 것을 내용에 깔끔하게 담고 있기 때문이다.

AP가 신뢰하는 요소들을 정리하여 안내하는 대목에서 이들이 중요하다 여기는 것들을 확인해볼 수 있다. 이 기업은 핵심가치를 신뢰한다. 또한 유연성과 책임감을 갖춘 자신들의 모습에 강한 신뢰를 보인다. 목표에 부합하면서도 변화를 위한 민첩성을 믿으며, 성과가 좋은 선수들과 행복한 팀으로 이뤄진 조직이라는 것을 믿고 나아간다. 그런 구성원들을 통해 차세대 리더를 개발하며, 첫 날을 위해 고용하고, 준비가 되면 승진할 수 있다는 믿음을 가지고 모두 최선을 다해 일한다.

바로 이어 핵심가치를 설명한다. AP의 핵심가치는 벽 어딘가에 걸려 있는 화려한 단어들의 목록만이 아니다. 실용적인 가치임을 강조한다. 이들은 핵심가치를 바탕으로 사람을 고용하고, 우리를 홍보하며, 때로는 구성원을 놓아주기도 한다는 사실을 밝힌다. 핵심가치가 기반이 되어 홍보, 채용, 구성원들을 판단하는 하나의 기준이 된다는 것이다. 이 핵심가치 중 3가지를 뽑아서 살펴본다.

그 핵심가치 중 하나는 바로 '이해하라'이다. '알아내라'는 의미로도 번역이 되는 이 표현은 구성원들에게 요구하는 것을 분명히 밝히고 있다. 우리는 문제를 해결하고 최선의 해결책을 고안하는 것을 좋아하니, 이 핵심가치를 기반으로 문제 상황에 질문하고, 문제를 그저 논의하는 것보다 문제를 파악하고 해결하는 능력을 갖춰야 한다는 의미를 전달한다.

각각의 핵심가치에 어울리고, 인사이트를 주는 문장을 배치하여 그 핵심가치에 대한 이해를 더욱 돕는다.

> "생각하는 것은 힘든 일이기 때문에,
> 생각하는 사람을 많이 보지 못합니다."
> -Sue Grafton (미국의 소설가)

위 말을 통해, 어렵고 힘든 일인 것은 맞지만 이 AP와 함께 하는 구성원들만은, '생각하는' 사람이 되길 바라는 것을 강조한다.

다음 핵심가치는 '항상 나아지는 것' 이다. 이들은 모두 어제 효과가 있었던 것이 내일 효과가 없을 수 있다는 사실을 이해하며 일한다. 그렇기에 자연히 새로운 경험과 기회를 찾고 도전하고자 하며, 실패를 한다. 실패를 하더라도 검토하고 조정하고 앞으로 나아가려는 태도를 지니고 있기에, 이들은 실패하더라도 다시 시도한다. 이런 모습이 가능하도록 도운 것은 바로 이미 정착된 '피드백' 문화 때문임을 밝힌다. 이들은 직접적이고 정직하며 적시에 피드백을 주고 받기 때문에 항상 성장하고 학습하는 조직임을 강조하여 설명한다.

'작업을 완벽하게 완료하라'는 것 또한 중요한 핵심가치로 여겨진다. AP는 자신들이 다양한 작업의 성취에서 매우 수준 높은 우수성을 가지고 있다는 사실을 강조한다. 지속 가능한 성공을 위해 노력하는 일과 높은 수준의 산출물 사이에서 이상적인 균형을 유지하기 위해 노력하며, 자신들이 하고 있는 일에 자신의 이름을 올리는 것이 너무나 자랑스럽다고 말한다. 실제 경험이 기반이 된 자신감을 강력하게 드러내고 모든 일에서 탁월함을 목표로 최선을 다하는 다짐으로 마무리한다.

> **Customers will never love a company until the employees love it first.**
>
> SIMON SINEK
> *Start With Why*

WE BELIEVE IN

1. **OUR CORE VALUES**
2. Having Flexibility & Responsibility
3. Being Aligned In Our Goals Yet Agile To Make Changes
4. Surrounding Ourselves With High Performers And Happy Team Players
5. Developing The Next Generation Of Leaders
6. Hiring For Day One And Promoting When Ready

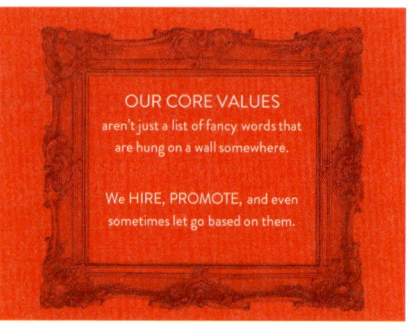

OUR CORE VALUES aren't just a list of fancy words that are hung on a wall somewhere.

We HIRE, PROMOTE, and even sometimes let go based on them.

AP'S CORE VALUES

- Accountability
- Figure it Out
- Always Get better
- Get Stuff Done (GSD) + Excellence
- Genuine Partnership
- No Jerks

FIGURE IT OUT

Fundamentally, we like to solve problems and devise the best solutions.

Figuring it out is the opposite of micro-management. We believe that teams and individuals should be empowered to make their own decisions. Everyone is encouraged to ask for help and leverage the expertise of the individuals around them if they can't solve a problem on their own.

It's also about asking questions to make sure that the right problems are being solved, and spending more time identifying and solving problems than discussing them.

> **Thinking is hard work, which is why you don't see many people doing it.**
>
> SUE GRAFTON

ALWAYS GET BETTER

We are a market leader because our team members embrace continuous learning and creative destruction. We push boundaries and work outside of our comfort zones. And we all understand that what worked yesterday might not work tomorrow.

We seek to be challenged by new experiences and opportunities. We examine our failures, adjust and move forward. We don't quit or shy away from trying something again just because it didn't work as planned the first time around.

In our culture, feedback is the norm. We give and accept direct, honest, and timely feedback so we are always growing and learning.

GET STUFF DONE (GSD) + EXCELLENCE

We enjoy the satisfaction of accomplishing a lot while still maintaining a very high standard of excellence. We strive for sustainable success and finding that ideal balance between amazing work and a high level of output.

Details matter, but so does the 80/20 rule. Important and urgent aren't always the same.

We aim for excellence in everything we do and always give our best effort. We are happy putting our name on our work.

Part 6

구체적인
행동양식을 제시하라

국내 사례

The Power of
Organizational
Culture

리더십이란 사람들을
있어야 할 곳에 있게 하는 것이다

Henry T. Blackaby 영적 리더십 저자

구체적인 행동양식을 제시하라

조직 내에서 성공적인 문화를 구현하기 위해서는 핵심가치에 기반한 구체적인 행동양식이 매우 중요하다. 조직 문화를 발전시키기 위해서는 구성원들에게 구체적인 행동양식을 제시하고 그에 따라 실제로 행동하는 것이 매우 중요하기 때문이다.

구체적인 행동양식은 조직 내에서 바람직한 행동을 실제로 구체적으로 묘사하는 것을 말한다. 이는 모호한 가치관이나 원칙을 대체하여 직원들이 명확하게 이해하고 실천할 수 있는 방법을 제시한다.

구체적인 행동양식은 조직의 미션, 핵심가치, 목표와 일치하도록 설계되어야 한다. 이는 조직 내에서 정의된 가치와 동일한 방식으로 행동하도록 돕고, 조직문화가 일관성 있게 전수되도록 제시되는 방법이다. 예를 들어, 조직의 가치 중 하나가 '상호 존중'이라면, 이 가치에 부합하는 행동을 나열하고, 이를 조직원들이 실천할 수 있는 구체적인 방법으로 제시한다.

직원들은 조직 내에서 핵심가치를 수호하고 이를 행동으로 보여주는 리더에게 영감을 받는다. 이를 통해, 조직원들은 일관성 있는 기대와 행동을 보여주며, 적극적으로 조직의 가치와 목표를 추진하는 데 동참할 수 있다.

구체적인 행동양식은 조직의 성과에도 긍정적인 영향을 미친다. 구체적인 행동양식을 따르는 조직은 보다 높은 생산성, 직원 만족도, 고객 만족도를 보인다. 이는 구체적인 목표와 기대를 바탕으로 효과적으로 일하는 직원들로 구성된 조직의 결과물이다.

명확한 가치관과 원칙을 대체하여 직원들이 명확하게 이해하고 실천할 수 있는 방법을 제시해보자. 이는 조직 내에서 효과적인 의사소통과 역할 모델링을 돕고, 조직의 성과를 향상시키는 긍정적인 영향을 미칠 것이다.

01

의류의 하루배송 시대! 여성 쇼핑 어플 1위

브랜디

브랜디는 어떤 기업일까?

회사명: 브랜디
업종: e커머스 플랫폼 빌더 기업
매출: 1,261억 9천만원
사원수: 약 350명

브랜디는 모바일에 최적화된 쇼핑 환경을 구현하는 패션 커머스 기업이다. 1020 여성을 위한 패션쇼핑앱 브랜디(BRANDI)가 가장 주력 어플이며, 남성들을 위한 국내 최초 남자쇼핑앱 하이버(HIVER), 20대 여성 브랜드 패션플랫폼 서울스토어(SEOULSTORE), 판매자에게 마켓 오픈과 운영을 지원하는 크리에이터 수익형 콘텐츠 플랫폼 헬피(HELPI)까지 매년 새로운 버티컬 플랫폼으로 '최초'에 도전하는 기업이다.

브랜디
컬쳐북 맛보기

☑ 총 페이지

총 55페이지로 구성되어 있다.

☑ 페이지 구성 특징

줄글 형태이며 각 페이지마다 상세한 내용으로 구성되어 있다.

☑ 전체적인 흐름

1. 브랜디 inc.

    - 브랜디 기업 철학, 슬로건, 미션, 비전, 성장 연혁, 오피스 등 전반적인 소개

2. 브랜디 business

    - 브랜디의 주력 사업 소개 및 핵심전략

3. 브랜디 people & culture

    - 브랜디 기업 문화, 핵심가치, 브랜디에서 일하는 10가지 방식

4. 브랜디 careers

    - 업무소개, 브랜디언 라이프 엿보기

브랜디 컬쳐북을 알아봅시다

브랜디의 컬쳐북은 명확한 목차와 그에 따른 상세한 내용으로 굉장히 친절한 컬쳐북을 가지고 있다고 평가받는다. 실제로 국내 컬쳐북을 검색하였을 때 가장 상단에 랭크되는 컬쳐북이기도 하다.

브랜디는 들어가기 전 컬쳐북을 제작한 이유를 3가지로 드는데, 첫째가 다른 스타트업들에게 이 노하우를 나누고 싶기 때문이며, 두번째, '브랜디언'이라 불리는 브랜디 예비 직원들에게 기업에 대한 명확한 설명을 주고 싶기 때문이고, 마지막으로 '브랜디는 이런 가치를 지니고 있고, 끝까지 변치 않을 것을 약속합니다.'라는 세상을 향한 다짐을 위해 컬쳐북을 제작하고 이를 외부에 공개한다고 밝힌다.

브랜디는 "우리는 남들이 못하는 것을 하자"는 철학이자 비전을 가장 시작 부분에 배치하였다. 이는 남들이 하기 쉬운, 이미 있는 것을 따라 하는 사업은 지양하고, 시장의 니즈가 있는데 풀기 어려운 문제를 해결하려는 도전을 비전으로 삼고 나아감을 명시한다. 이들은 실제로 의류 쇼핑 어플에서는 혁신이라고 할 수 있는 '의류 하루배송 도입' 등 여러 도전을 쉬지 않고 진행하고 있음을 확인할 수 있다.

'2025년까지 앱스토어 쇼핑앱 순위 50위권 내 40개를 진입시키는 버티컬 1등 기업이 된다라는 목표를 반드시 달성할 것이다.' 라는 사업전략을 밝히며, 이는 고객을 포함한 구성원들이 함께 목표로 삼고 나아갈 수 있도록 강하게 다짐하며 선포한 것을 확인할 수 있다. 이에 APP/ IT / 풀필트먼트 / 글로벌이라는 세부항목으로 각각 나눠 각 부서에서 어떻게 전략을 세우고 실천해야 이 목표를 이룰 수 있는지 상세하게 설명하여 목표에 대한 신뢰성을 높인다.

브랜디의 조직단계도 확인해 볼 수 있다. 5단계로 진행되는 조직단계를 표 이미지를 통해 세분화하여 나타내었다. 사업 본부와 그 밑의 유닛(유닛장), 마케팅 실장, 팀, 파트, 소속 구성원으로 세밀하게 나뉘어져 있는 표를 보며 브랜디의 조직 단계를 명확하게 이해할 수 있도록 구성되었다.

매 순간 브랜디에 속한 모든 사람의 의사결정에 기본 근거가 되는 '빌더십 원칙'은 브랜디의 핵심가치임을 명시한다. 또한 빌더십을 가진 사람을 바로 핵심가치 설명 다음에 정의를 내리는데, '무에서 유를 창조해 내고자 하며 아이디어에서 그치지 않고 실현해 나가는 사람이다.'라고 설명한다. '남들이 하지 않은 도전'이라는 기업 철학에 맞춰 아이디어를 실현해 내가는 것을 주요 핵심 가치로 설정해 브랜디의 일맥상통하는 흐름을 확인할 수 있다.

이 핵심가치 '빌더십의 원칙'에 따라 브랜디에서 일하는 방식 9가지를 설정해 제시하였다.

1. 글로벌 최고 수준을 추구한다.
2. 모든 일의 최우선은 고객이다.
3. 원팀 원드림을 실현한다.
4. 자신의 일에 오너십을 가진다.
5. 스스로의 성장을 위해 일한다.
6. 크게 생각하라.
7. 유연하고 민첩하게 대처한다.
8. 반드시 결과를 도출한다.
9. 건강하게 충돌하고 결정되면 지지한다.

이 9가지 일하는 방식에서도 느껴지듯, 도전을 통한 성장을 이루는 것이 기업자체의 목표에서 그치는 것이 아니라, 구성원들에게도 해당됨을 확인할 수 있다.

놀라운 것은 이런 내용이 확대되어 구성원이 커머스 창업에 도전한다면 지원해주는 것까지 이어진다는 것이다. 창업에 도전해본 것 자체를 높이 평가한다는 부분에서 도전을 중요하게 여기는 브랜디의 철학을 또한 확인해 볼 수 있어 의미있다.

이런 브랜디에 일하는 구성원은 어떻게 회사에서의 삶을 보내고 있을까? '브랜디언의 라이프 엿보기'라는 페이지에서 다양한 사진들을 첨부해, 해당 월 마다 어떤 이벤트와 이슈가 있었는지를 생생하게 확인해 볼 수 있도록 구성하였다.

BRANDI

기업문화_핵심가치

최고의 기업문화를 만들고자 핵심가치 빌더십 원칙을 중심으로 인재밀도를 강화 합니다.

빌더십 원칙은 브랜디의 핵심가치이며, 브랜디가 일하는 방식으로 매 순간, 모든 사람의 의사결정에 기본 근거가 됩니다.

빌더십 원칙 Buildership principles
우리는 빌더십 원칙을 중심으로 일하고, 문화를 만들고, 우리가 지켜야 할 규칙과 제도를 설계합니다.

빌더 Builder
빌더십을 지닌 인재로 무에서 유를 창조해 내고자 하며 아이디어에서 그치지 않고 '실현해 나가는 사람' 입니다.

구성원 성장과 자립 지원

브랜디가 자립을 지원하는 이유
운이 좋게 내가 일하는 동안 나의 회사가 망하지 않더라도 이미 우리 사회에 '평생직장' 개념은 오래전에 없어진 이야기 입니다.
그렇기 때문에 만약 우리 중에 누군가 오직 회사만을 생각하며 일하거나, 회사생활을 단순히 조직을 위해서 희생하는 것으로 생각한다면 그건 서로에게 좋은 마음가짐이 아니라고 말씀드리고 싶습니다.

회사생활은 자립을 위한 배움의 과정입니다.
스스로하고 싶은 일을 택하고, 그 일을 택한다면 향후 창업과 창직을 위한 과정이라고 생각하며
일할하게 배우고, 직장생활의 모든 것을 내 것으로 흡수하려고 노력하시길 바랍니다.
지금의 현실에 집을 두기 보다 여러분 스스로가 만들 수 있는 큰 미래를 생각하며 일하셨으면 합니다.
만약 그런 준비 없이 혼자 세상에 나간다면, 마주하는 모든 것이 버겁게 느껴질 수도 있습니다.

> "회사생활은 자기근육을 만드는 과정이다."
> 브랜디엔 경도군

Appendix_브랜디언 라이프 엿보기

Part 6 구체적인 행동양식을 제시하라 [국내사례]

02

글로벌 1위 알람 어플 '알라미' 개발사

딜라이트룸

딜라이트룸은 어떤 기업일까?

회사명: 딜라이트룸
업종: 컴퓨터 프로그래밍 서비스업
매출: 192억 원
사원수: 약 20명

7,000만의 아침을 깨운 '알라미'가 탄생한 곳, 바로 딜라이트룸(DelightRoom)이다. 딜라이트룸은 국내를 넘어서 알람 앱 하나로 글로벌 1위라는 성과를 거뒀다.

이들은 매일 전세계 사람들에게 성공적인 아침을 선사하며, 그들이 조금씩 자신이 원하던 삶을 그려 나갈 수 있도록 돕는 것을 목표로 기업을 성장시켜 나간다. 딜라이트룸에서 일하는 구성원들은 딜라이터라 칭하며, '당신을 확실하게 깨우는 것'이 가장 기쁜 사람들이라 설명한다.

딜라이트룸
컬쳐북 맛보기

☑ 총 페이지

총 107페이지로 구성되어 있다.

☑ 페이지 구성 특징

각 목차별로 1,2,3의 숫자 전체를 두 페이지에 크게 디자인하여 시각적으로 특히 시원하다. 컬쳐북 전반에서 사진의 크기가 한 페이지를 차지하는 비율이 많아 그 시각적인 시원함에 보탬이 된다.

☑ 전체적인 흐름

1. 우리의 기원, 어떻게 시작했는가? - 알라미의 시작, 가설문장, 미션, 비전
2. 우리의 수익 모델, 우리는 어떻게 돈을 버는가? - 딜라이트룸 서비스의 본질
3. SYNC BIG, 우리가 일하는 방식 - 딜라이트룸의 OKR
4. 우리가 수호하는 4가지 키워드 - 성장, 효율, 자율, 즐거움

딜라이트룸의 컬쳐북을 알아봅시다

'이 알라미라는 어플이 어떻게 시작됐는가?'에 대한 흥미롭고도 상세한 설명이 초반에 작성되어 있다. 이들은 처음 '사람들을 깨우려면 어떻게 해야하는가? 그 전에 사람들은 왜 그 시간에 일어나야만 하는가?' 라는 질문으로 딜라이트룸의 모든 행동이 시작되었다고 말한다.

더욱 고민하였다고 한다. '울리는 것', '일어나는 것' 그 이상의 것을 만들고 싶었기 때문이다. 그 이상의 것, 바로 '성공적인 아침이다'. 이들은 성공적인 아침을 맞이하기 위해서는 무엇이 가장 필요할까를 끊임없이 고민하였다. 그러려면 '잘 자는 것' 부터 시작되어야 하지 않겠는가! 이들은 성공적인 아침을 위해 무엇이 필요한 것인지를 찾아내는 하나의 원팀임을 밝힌다.

"Change Your Mornings With Alarmy"

딜라이트룸의 슬로건이다. 그저 아침에 정해진 시간에 울려서, 사람들 잠에서 깨운다는 일반적인 알람 어플이 아닌, 사람들이 자신만의 멋진 아침을 만들길 바라는 것으로 시각을 확장하였음을 확인할 수 있다.

고민의 시작은 질문을 통하여 가설을 세우는 것일 것이다. 이들의 가설은 바로 이것. '아침이 망가지면 하루가 무너진다. 성공적인 아침이 쌓여서 삶을 바꾼다.'였다. 기업 딜라이트룸은 이 가설을 통해 비전과 미션이 나왔음을 명시한다. 딜라이트룸의 비전, 사람들이 제 시간에 일어나 성공적인 아침을 '직접 만들길' 바란다는 것이다. 딜라이트룸의 미션, '완전히', 그리고 '확실하게' 깨워, 사람들이 알라미를 믿고 잠들 수 있도록 하는 것이다. 하나의 가설에서 자신들만의 정체성이 확고하게 세워졌다는 것을 확실하게 선포한다.

이 비전과 미션에 맞춘 딜라이트룸의 핵심가치를 소개한다. 간결한 한 문장으로 나열되는데 아주 간결하고 명확하여 이해에 어려움이 없다. (실제로 이런 한 문장은 15글자 내외로 작성하는 것이 이상적이다.)

1. 우리는 제 시간에 울려야 합니다.
2. 그리고 확실하게 깨워야 합니다
3. 깨운 후엔 의미있는 첫 행동을 유도해야 합니다
4. 사람들이 하루하루 성공적인 아침을 쌓고,
5. 삶의 시작을 알라미와 함께 한다면
6. 우리의 가치가 제대로 전달된 것입니다.

이 핵심가치는 깨우는 서비스에서 건강하고 성공적인 아침을 만드는 서비스로 확장했다는 문장으로 정리할 수 있다.

딜라이트룸에서 일하기 위해서 필요한 구성원의 문화를 소개하는 페이지가 이어지는데, 특히 신규입사자에게 인상적일 수 있는 부분을 골라보자면 약 50개에 달하는 딜라이트룸 언어사전이다.

구성원으로 일하게 되었을 때 사용하는 단어와 그 뜻을 사전의 형식으로 기록했다. 처음 들어왔어도 그 자료를 보면 '아, 예상작업시간은 3시간 정도 소요됩니다.' 라는 익숙한 일반적인 언어가 아닌 '스토리 포인트는 3시간 정도 소요됩니다.' 라는 딜라이트룸의 언어로 바로 사용할 수 있도록 구성한 것을 확인할 수 있다.

다시 한 번 기존의 알람들과 '알라미'의 차이를 상세하게 서술하는 부분을 마련하여, '알라미'가 얼마나 차별점을 가지고 있는 제품인지 어필한다. 기존 알람의 책임 범위는 어디까지일까? 분명 이 알람을 설정한 사람이 '일어날 때'까지 일 것이다. 기존 알람은 한 순간에만 국한되어 있었다. 그러나 딜라이트룸의 알라미는 잠들기 전, 일어날 때, 잠에서 깬 직후까지 그 책임 범위를 확장하였다. 기존 알람 어플들과 비교하였을 때 분명한 차별성을 확인할 수 있으며, 이렇게 책임범위를 확장하여 결국 사람들이 기분좋게 잠들고, 그 힘으로 일어나며, 잠에서 깬 직후에도 컨디션을 위한 소소한 습관을 만들 수 있도록 하여 그 사람의 성공적인 아침을 매니징한다. 바로 이런 점이 '알리미'의 성공 이유였다는 것을 밝힌다.

우리의 기원

어떻게 시작했는가?

알라미는 아주 작은 사이드 프로젝트에서 시작했습니다. 잠에서 깨기 위한 단순한 목적에서 말이죠. 하지만 한 가지 의문이 들었어요. 알람 기능은 이미 핸드폰에도 있고, 앱도 있고, 시계에도 있고, 기상을 도와줄 다양한 제품들도 있는데 이걸 왜 내가 직접 만들게 봤지?

여기서 한 가지를 깨달았어요. 얼핏 물리는 게 목적이 아니라, 깨우는 게 목적이라는 걸. 물러도 깨지 않으니. 수십, 수백 개의 새로운 제품이 만들어진다는 걸. 그렇다면 사람을 깨우려면 어떻게 해야 하지? 아니, 그 전에 사람들은 왜 그 시간에 일어나야만 하는 걸까요?

우리의 모든 행동은 이 질문에서 시작되었습니다.

OUR ORIGIN

우리가 다루는 것

우리는 성공적인 아침을 다룹니다.

성공적인 아침을 맞이하려면 잘 자야겠죠. 눈을 떴을 때 기분이 좋아야 하고, 새로운 일상을 맞이하기 위한 나만의 루틴이 잘 지켜져야 해요. 우리는 성공적인 아침을 만들기 위해 필요한 것들을 바라봅니다.

그래서 알라미는 '물리는 것', '일어나는 것', 그 이상을 고민합니다.

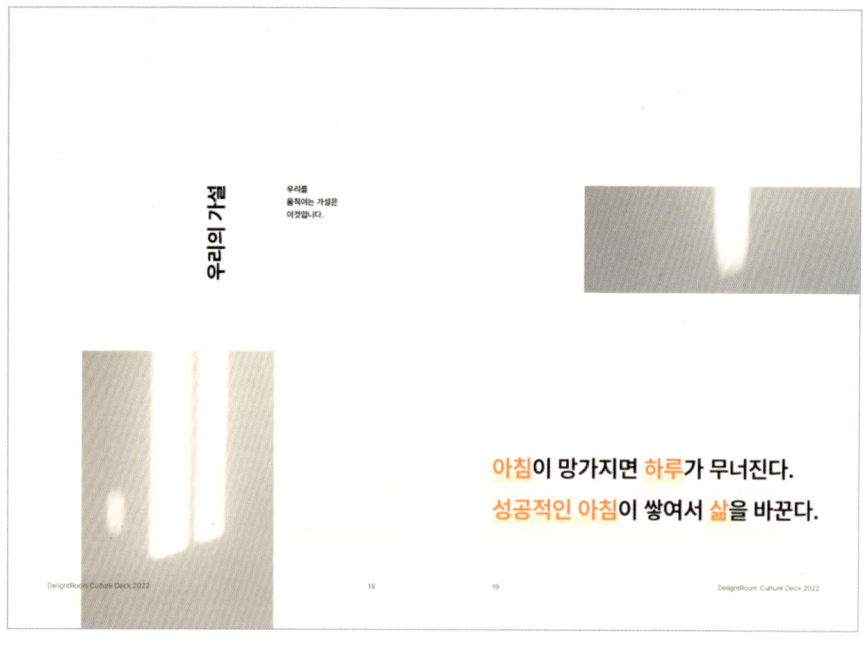

딜라이트룸

우리의 미션과 비전

그 전제를 기준으로
반드시 해내야 할 일

우리의 비전
Make people's morning successful

비전은 '우리가 가야 할 방향' 이에요. 궁극적으로 우리가 만들고 싶은 모습을 말하죠. 그건 바로 사람들이 '성공적인 아침'을 만드는 거예요. 여기서 '성공'과 '만들다' 란 단어에 주목해 주세요. 성공적인 아침이란 해야 할 일과 컨디션, 기분, 완벽한 타이밍의 조화를 의미합니다. 다만, 이러한 조화가 누군가에 의해 강제되거나 운에 의해 좌우되면 안 되겠죠.

그래서 우린 사람들이 이런 아침을 '직접 만들길' 바라고 있어요. 이 모든 것은 제 시간에 일어나는 것에서부터 시작합니다.

우리의 미션
Wake people up, fully and completely

미션이란 건 '우리가 해야 할 일' 이에요. 사명 같은 거죠. 우리의 사명은 단연히 '깨우는 것' 입니다. 알라미의 본질이죠. 깊게 일어나는데 다시 누워버리면 아무 소용 없을 거예요.

그래서 우린 '완전히, 그리고 확실하게' 깨웁니다. 그래야 '믿고 잠들 수' 있잖죠?

OUR VALUE

우리의 가치

01 우리는 제 시간에 울려야 합니다.
02 그리고 확실하게 깨워야 합니다.
03 깨운 후엔 의미있는 첫 행동을 유도해야 합니다.
04 사람들이 하루하루 성공적인 아침을 맞고,
05 삶의 시작을 알라미와 함께 한다면
06 우리의 가치가 제대로 전달된 것입니다.

우리의 언어

General

TRM	Task-Relevant Maturity, 업무 관련 성숙도	
TBD	To Be Determined, 추후 결정될 예정	
Low Hanging Fruit	상대적으로 간단한 노력으로 얻을 수 있는 것	
MECE	Mutually Exclusive & Collectively Exhaustive, 서로 배타적이지만 합치면 모든 것을 포함하는 분류 방법	
JD	Job Description, 채용 공고에 들어가는 직무 설명	
PMF	Product Market Fit, 기획시고 '제품과 마켓의 궁합도' 즉 좋은 제품의 기본이 PMF을 맞추는 것	
Hotfix	버그 등 발견 시 긴급하게 진행하는 긴급 업데이트	
WWH	What/Why/How, 어떤 일의 목표, 목적, 수행 방식을 나타내는 단어	
PBI	Project Backlog Item, 기획시의 하나 제품 백로그 문서 의 집중으로 WWH를 포함	
LGTM	Looks Good To Me, 확인 후에 특별한 문제가 없는 경우에 OK란 의미로 사용	
NSM	North Star Metric, 팀 전체가 추구하는 하나의 '지표성 지표'	
LTV	Life Time Value, 고객생애가치, 한 사용자가 앱에 가입 후 이탈 될 때까지 발생시키는 수익	

Workflow

Cycle	한 번 업데이트 이후 다음번 업데이트까지 기간	
ICE Framework	Impact, Confidence, Ease 를 기반으로 우선 순위를 정하는 Framework	
Sprint	작업들을 주어진 기간 동안 집중적으로 하는 것으로 보통 2주의 단위를 가진다.	
Daily Scrum	스프린트 기간 동안 매일 진행되며, 어제/오늘 수행한 일 또는 이슈들을 공유	
Story Point	예상 작업 시간	
Priority	작업 우선 순위	
Fix Day	안드로이드 그룹에서 스프린트 동안 작업한 내용을 beta 에 통합하는 날	
Bug Festival	ALANFIX 보드에 등록된 버그 해결을 위해 진행하는 매 분기 마지막 스프린트.	
Lab Day	스쿼드 작업보다 그룹 업무와 연관된 작업 우선 순위를 높여 진행하는 기간	
A/B 테스팅	그룹을 두 그룹으로 나누어 각기 다른 결과값을 보여주고 그 결과를 테스트하는 것	
B/A 테스팅	A/B 테스팅 후 결과 재검증을 위해 다시 테스트 하는 것	
번/후 테스팅	A/B 테스팅과는 다르게 하나의 그룹을 각기 다른 기간으로 테스트하는 것	

어떻게 여기서 여기까지 가는지

처음엔 그저 울리는 알람에서
알라미의 시작은 거창하지 않았습니다. 사람이 아닌 '내가 잘 일어나기' 위한 제품으로 시작했었죠. 그런데, 사람들에게 기상은 단순히 그 시간에 눈을 뜨는 것 그 이상의 가치가 있다는 사실을 깨달았습니다.

기상을 책임지는 알람으로
Wake People Up, Fully And Completely
사람들은 알라미가 인생을 바꿨다고 말하기도 했습니다. 매출도 높아지고 우리가 사람들에게 끼치는 영향력도 커져갔죠. 서비스가 어느 정도 커진 후 우리는 우리의 본질과 무엇을 어떻게 전달해야 할지를 재정의하게 되었습니다. 우린 '확실히 깨우는' 알람으로 방향성을 맞췄습니다. 그러면서 '기상을 책임진다.' 라는 미션을 구축했고, 제품은 더욱 날카로운 방향으로 성장할 수 있습니다.

아침, 성공적인 아침을 만드는 알람까지
Make People's Morning Successful
우리는 여기에서 더 나아가 '아침' 이란 영역을 책임지려합니다. 하루의 시작이자 삶의 루틴이 시작되는 곳이죠. 아침은 전날 밤에서 시작해, 하루의 1/3에 해당하는 수면과 기상, 기상 후 행동의 조합으로 완성됩니다. 우린 어것이 사람의 삶과 건강에 엄청난 영향을 미친다고 믿고 있습니다. 단순한 유틸리티에서 완성된 웰니스 서비스로 나아가려고 하는 것이죠.

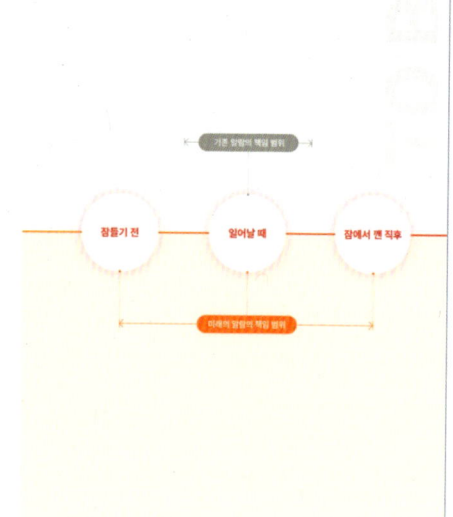

03

브랜드를 기록하는 디자인회사
애프터모멘트

애프터모멘트는 어떤 기업일까?

회사명: 애프터모멘트
업종: 전자상거래 소매 디자인 중개업
매출: 3억 원
사원수: 약 4명

애프터모멘트는 브랜드를 기록한다. 지난 7년 내내 문화와 숫자 그리고 기업을 소개하는 일을 해온 기업이다. 글 쓰고 기획하는 디자인 회사이기에 글을 쓰지 못한다면 디자인도 하지 않는다는 신념을 가지고 있다. 제대로 된 언어를 먼저 만들고 그를 결과물인 디자인으로 도출하는 곳으로, 우리나라 대표적인 컬쳐북, 회사 소개서 디자인 기업이다. 이들은 끊임없이 묻는다.

"당신의 기업은 지금 무엇을 기록하고 싶은가?"

애프터모멘트
컬쳐북 맛보기

☑ 총 페이지

총 24페이지로 구성되어 있다.

☑ 페이지 구성 특징

알파벳 하나 하나에 의미를 담아, 애프터모멘트만의 가치를 나타냈다.

☑ 전체적인 흐름

A　AFTERMOMENT _우리는 누구인가?

F　FAB _ 나를 대하는 태도

T　THROUGHOUT_고객의 대하는 태도

E　END_일을 대하는 태도

R　REASON_결과를 대하는 태도

M　MID_서비스를 대하는 태도

O　OWN_삶을 대하는 태도

M　MATE_동료를 대하는 태도

E　EFFICIENCY_소통할 때의 태도

N　NABIGATE_시간을 대하는 태도

T　TEAM_회사를 대하는 태도

애프터모멘트의 컬쳐북을 알아봅시다

글쓰는 디자인 회사라는 정체성을 지니고 있다. 다른 회사의 컬쳐북이나 회사 소개서를 제작해주는 회사 답게 그저 디자인 능력 뿐만이 아니라 글을 직접 쓰고, 기획하는 능력이 애프터 모멘트만의 정체성임을 초반에 간결하게 강조한다. 이들은 고개들에게 '감탄이 나오는 경험을 선사한다.' 의뢰를 맡긴 기업에게 제작을 마친 컬쳐북을 제공하였을 때 그저 '감탄'이 나올 수 있는 결과물을 제작한다는 다짐이 명시 되어있다.

'누가 뭐래도 우린 천재다' 라는 문장이 상단에 위치해 있다. 그 하단의 문장들은 더욱 가차없는데, '기획력에서 천재여야 한다. 아니어도 그렇게 생각하고, 부족하면 그렇게 되어야 하고, 도저히 안되겠으면 이별을 고한다.'이다. 구성원에게 가차없을 수는 있지만 이런 내용은 고객들이 애프터 모멘트의 결과물에 더욱 신뢰를 얻게 되는 계기가 되며 구성원들의 실력도 성장시킬 수 있을 것이다. 이들 개인에게 요구되는 것은 이렇다.

'새로운 것을 기꺼이 맞이하라!'

회사의 소개서를 제작하는 곳이다 보니 정말 다양한 클라이언트를 만나게 된다는 사실을 강조한다. 낯선 기업 이름과 산업을 만날 때마다 놀라고 당황하는 것은 애프터 모멘트의 방향성과 맞지 않는다는 사실을 말하며, 언제나 호기심을 가지고 새로운 것을 기꺼이 맞이하는 태도를 지녀야 한다는 것을 밝힌다.

다양하지만 낯선 기업, 매번 상대해야하는 새로운 고객들, 그 층이 너무나 넓다. 그 상황을 지속하다 보면 당연히 감당하기 힘든 순간을 마주하게 될 것을 명시한다. 이 때 애프터 모멘트의 태도는 "'하지' 말고, '되게' 만든다." 이다. '일을 한다'라는 것에서는 '하다가 안 될 수도 있다'라는 가능성을 내포하고 있다고 여긴다. 애프터모멘트의 구성원들은 하는 것이 아니고 되게 만드는 사람들이다. '안 되는 것을 되게 한다'는 이 어려운 일이 마치 당연한 것이라 말하는 태도로 애프터모멘트 구성원들의 탁월성을 보이는 것이 특징적이다. 일을 하나 했으면, 그 결과까지 확실히 마무리를 짓는 것이야 말로 기업 애프터모멘트가 끝까지 가져가야 하는 다짐임을 서술한다.

이런 탁월한 작업을 할 수 있기 위해서는 자신이 이렇게 디자인했다는 이유가 있어야 한다. 아니면 이 디자인이 통할 것이라는 확신이 있어야 한다. 절대 '그냥'이라는 말을 사용하지 말 것을 강조한다.

맞다. 어떤 고객이 이유도 없고, 확신도 없는 결과물을 가지고 싶겠는가? 이를 위해 구성원들에게 권면한다. '모든 클릭에는 이유가 있어야 한다' 이유를 가지고 클릭했기에 그 결과물은 '그냥'이라는 단어로 칭해질 수 없을 것이다. 이유를 모르겠다면 그것을 알고 있을 것 같은 사람에게 도움을 청하라고 말한다. 그런데 만약 정말 어떤 논리로 설명할 수 없는 직관적인 느낌이 온다면 어떡할까? 이것은 창작물을 만드는 이들에게 정말 중요한 능력인 것이 맞다. 그렇기에 그런 확신이 온다면 이행할 것을 권한다. 이런 이유와 확신으로 제작하였으나 이것은 언제나 과해질 수 있음을 설명한다. 더 나은 결과물을 위해서 어떨 때는 조금 덜어내야 할 필요가 있고, 적절한 때에 멈춰야 한다는 사실을 친절하게 구성원들에게 알려준다.

이런 완벽을 추구하는 애프터모멘트의 또 다른 다짐. 바로 '보통의 것이 반복되면 지옥이 펼쳐진다'이다. 중간은 갈 수 있는 '보통의 결과물'을 '지옥'이라고까지 강한 단어로 표현하여 자신들의 다짐을 강하게 내비친다. '보통의 결과물을 바라지 않는다. 이들이 바라는 것은 '감탄이 나오는 결과물'인 것이다. 그 감탄이 나오는 결과물을 위해 절대 하지 말아야 하는 3가지를 강조하여 설명한다.

첫째, 저번에 했던 것을 반복하는 것

둘째, 인풋 없이 아웃풋을 기대하는 것

셋째, 그냥저냥한 퀄리티에 스스로 만족하는 것

이 3가지를 '싫어'한다 강하게 말한다. 이 3가지를 피해야 기업의 서비스로 고객을 매료시킬 수 있음을 은연중에 드러내 기업이 추구하는 방향을 나타냈다.

이런 최상의 퀄리티를 유지하고 만들기 위해서 자신들은 공장처럼 구성원들을 혹사시키는 것이 아니라는 것 또한 설명한다. '휴식은 남는 시간에 하는 것이 아니라, 시간을 만들어서 하는 것이다!' 이 한 문장을 내세우며, 개인의 컨디션이 완성되는 것을 우선으로 꼭 생각하고, 눈치보지 말고 휴식을 취할 필요가 있음을 강조한다. 구성원들에게 당당하게 휴가를 요구하라 말한다.

휴식을 중요하게 여기는 것을 확인했다. 그렇다면 더 긴 시간을 머무는 회사에서는 시간을 어떻게 보내야 하는가? 이 대답까지라 친절하게, 한 편으로는 단호하게 설명한다. 기업 애프터모멘트는 말한다. 당신의 시간을 산 것이 아니라, 그 탁월한 능력을 산 것이라고 말이다. 그런 능력을 가진 구성원이라면 반드시 '쓸데없는 시간을 없애야 한다'고 말한다. 이 생각을 간결하나 파괴력이 있는 워딩으로 전달하는 것을 확인할 수 있다. '할 일 없는데 퇴근시간까지 버티고 앉아있지 마세요.' '끝난 일은 퇴근 전에 말하지 말고 바로 바로 말하세요.' '우리끼리 커뮤니케이션 하는데 시간 쏟지 않습니다. 그냥 말하세요', '하염없이 래퍼런스만 찾지 마세요, 뭘 찾을지 정하고 그걸 찾습니다.' 심지어 디자인 회사임에도 '누끼 따는데 시간 쓰지 마세요. 그것은 외주로 합니다.' 라는 말을 붙이며, 효율적으로 일하겠다는 다짐을 정말 대놓고 표현한다.

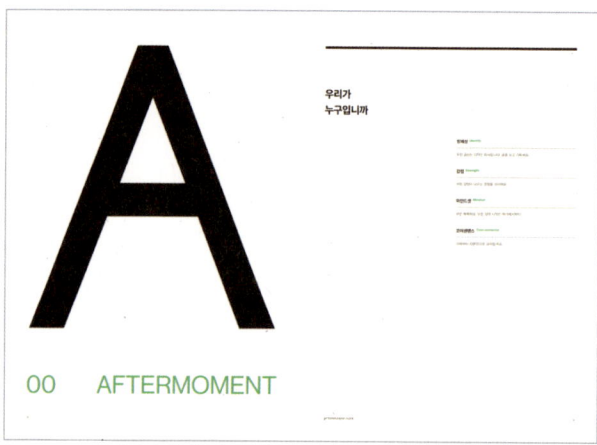

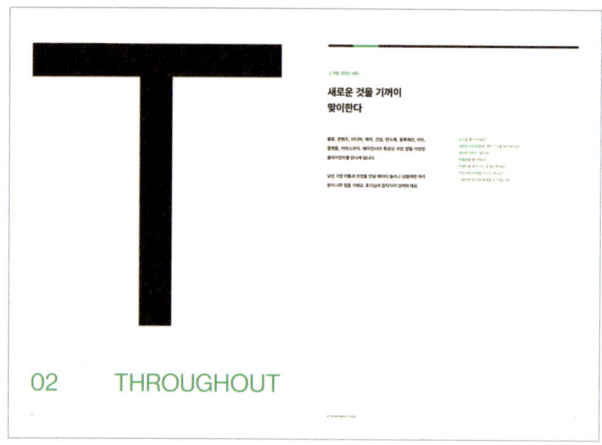

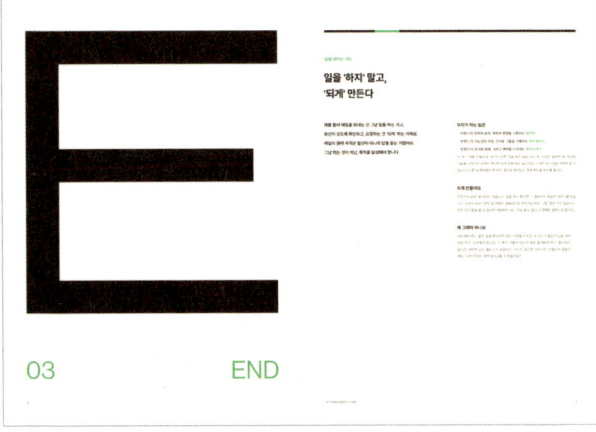

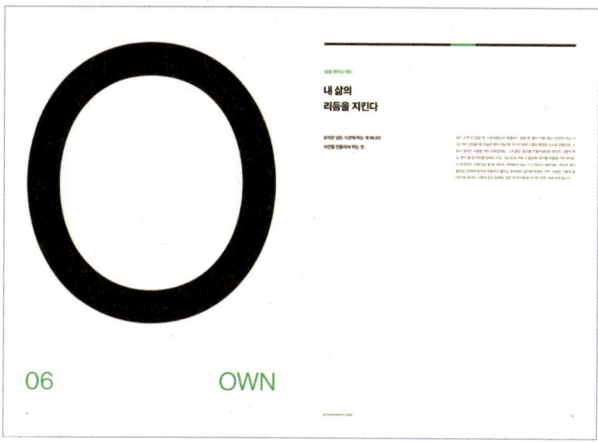

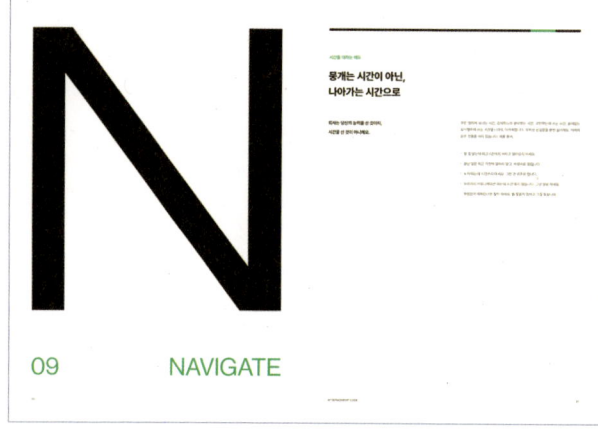

Part 7

지속가능한 문화

국내 사례

The Power of
Organizational
Culture

사람들을 변화의 대상으로 보지 말고
변화의 주체가 되게 하라

John P. Kotter 하버드대 교수

지속가능한 문화

지속가능한 문화는 기업이 오랜 시간 동안 존속하며 성장하기 위해서는 필수적인 요소이다. 기업 문화가 지속 가능하다면, 직원들은 그 문화에 동참하고, 자연스럽게 팀워크가 향상되며, 기업 성과도 향상될 것이다. 그렇다면 어떻게 해야 지속가능한 문화를 구축할 수 있을까? 먼저, 기업의 핵심가치와 미션, 비전을 정확히 이해하고, 그것을 살아 숨쉬는 문화로 만들어야 한다. 이를 위해, 기업은 이러한 가치와 미션, 비전을 직원들에게 시각화하고 주기적으로 전달하는 노력을 해야한다. 이를 바탕으로 실제로 행동까지 이어질 수 있도록 유도해야 한다.

실제로 많은 기업에서 지속가능한 문화를 만들기 위해 비전워크숍을 통해 기업의 사명, 비전, 핵심가치를 수립하고 이를 기반으로 행동양식을 도출해가고 있다. 뿐만 아니라 가치를 기반으로 한 문화행사를 합의하에 개최하여 연간 문화일정을 사전에 세팅하고 공유하고 있다. 또한 주기적인 타운홀 미팅을 통해 경영자와 리더 그리고 구성원들은 우리의 핵심가치에 대한 이야기를 공유하고 피드백 해간다. 이런 일련의 과정들을 통해 보이지 않는 조직문화가 실제화 되고 우리의 중요한 문화로 정착해 가는 과정이 실제 현장에서 일어나고 있다.

만약 우리 조직의 문화가 일회성으로 끝나는 현상이 자주 발생된다면 우리의 미션과 비전 그리고 핵심가치를 점검해보기 바란다. 혹은 그 과정 속 경영자가 원하는 문화를 구성원의 인식과 공감이 없이 추진되었는지도 점검해보기를 바란다. 조직문화는 경영자의 철학을 바탕으로 구성원과 함께 만들어 가는 것이다. 함께 했을 때 비로소 조직문화에 힘이 생긴다. 지속가능한 문화를 꿈꾼다면 구성원과 함께 우리의 문화를 나눠보자.

01

컴퓨터 화면 속에 형광펜을 긋다

'라이너'의
아우름플래닛

아우름플래닛은 어떤 기업일까?

회사명: 아우름플래닛
업종: 컴퓨터 프로그래밍 서비스업
매출: 3억 3,943만원
사원수: 약 28명

인터넷 형광펜 서비스 '라이너'를 운영하는 아우름플래닛은 클라우드 기반 서비스형 소프트웨어(SaaS) 전문 스타트업 기업이다. '라이너'는 인터넷상 웹 페이지나 PDF 파일에서 중요한 내용을 형광펜칠하고 메모를 남길 수 있는 서비스이다. 라이너팀은 필요한 문장을 하이라이팅하고 모아볼 수 있도록 하는 '하이라이트 기능'과 검색한 정보들을 선택해 저장, 메모, 공유할 수 있는 '검색 엔진 기능', 그리고 서비스 유저끼리 하이라이트를 공유하는 '커뮤니티 기능'을 제공하고 있다.

라이너 팀(아우름플레닛)의 컬쳐북 맛보기

✅ 총 페이지

총 34페이지로 구성되어 있다.

✅ 페이지 구성 특징

페이지 당 한 문단 정도의 길이로 핵심적인 요소들을 간단명료하게 설명했다. 이외의 다이어그램, 이미지 등의 요소를 삽입했다. 라이너 팀의 로고 색상인 민트 컬러를 강조하여 구성했다.

✅ 전체적인 흐름

1. 라이너팀 존재이유(Company)
2. 라이너팀 일하는 방식(Work)
3. 라이너팀 가치관(Culture)

라이너(아우름플래닛) 컬쳐북을 알아봅시다

라이너는 컬쳐북을 통해 '우리는 누구인가?'에 대해 정의한다. 라이너는 크게 '존재이유', '일하는 방식', '가치관'의 세가지 목차로 진행된다.

첫번째 목차, '라이너의 존재 이유'에서는 조직의 단단한 초석이 되는 비전과 미션, 경영철학을 담아내고 있다.

'우리는 의미 있는 관계 속에서 의미 있는 일을 함께하기 위해 라이너라는 제품과 회사를 만듭니다.' 라는 문구를 드러내며 라이너의 존재이유를 분명하게 제시한다. 라이너는 'Help People Get Smart Faster(사람들이 더 빠르게 똑똑해질 수 있도록 돕는다.)'는 미션 아래 서비스를 만들어 가고 있다. 무한대에 가까운 인터넷의 정보 수용성은 사람들이 필요한 정보를 제때 찾기 어렵게 만들었다. 이러한 '정보의 홍수'시대의 문제점을 해결하기 위해 라이너팀이 존재하는 것이다.

라이너는 이러한 문제를 '초개인화된 인터넷을 발명'하여 근본적으로 해결하고자 한다. 먼저, 중요한 정보를 알 수 있는 사람의 힘과, 이를 잘 정리할 수 있는 기술의 힘을 함께 사용하여 인터넷의 핵심을 파악한다. 이렇게 파악한 인터넷의 핵심을 개인화하여 사람들에게 검색/추천의 형태로 맥락에 맞게 정렬하여 전달한다. 이 과정을 통해 정보의 홍수 문제를 근본적으로 해결할 수 있다고 믿으며, 이러한 해결책을 라이너는 '초개인화된 큐레이션'이라고 부르고 있다. 이것이 라이너가 시작된 이유이자, 비전인 것이다.

라이너의 경영철학, '의미있는 관계 속에서 의미있는 일을 하는 것'이다. 라이너 팀은 단순히 업무적인 관계가 아니라 업무 외적으로도 친하게 지내는 즐거운 관계를 지향한다. 또한, 큰 혁신을 하는 데 있어서 두려움이 없는 곳, 계속해 타석에 올라 풀스윙을 할 기회를 지원하는 곳이 라이너 팀임을 명시하고 있다.

이어서 라이너팀이 '일하는 방식'에 대해 소개한다.

'우리는 함께 일을 잘하기 위해 모였다'는 것을 서두에 밝히고, 개인의 노력이 팀의 성과로 연결되는 구조를 만들기 위해 끊임없이 고민할 것임을 다짐한다. 이어지는 페이지에서는 라이너 팀의 몇 가지 조직적 성격을 몇 가지 소개한다. '성과'는 라이너팀이 함께 일하는 핵심 이유임을 드러내며, '많은 사람들에게 큰 효용을, 많은 팀원에게 큰 도움을 주는 것'이라고 성과를 정의했다. 라이너 팀에는 임시 TF팀인 '미션조직'과 같은 직무로 구성된 '기능조직'이 있다. 이 미션조직과 기능조직은 팀 공동의 목표를 효율적으로 달성하기 위해 유기적으로 협업한다.

이어서 라이너 팀이 일하고 생각하는 방식에 대한 철학, 이른바 'UGM(Unstoppable Growth Machine)' 소개한다. UGM을 한 문장으로 설명하자면, '올바른 목표에 대한 주기적인 선택과 선택한 목표에 대한 집중과 정렬을 통해 팀원이 노력하면 팀이 성과가 나도록 유지하며, 과정과 결과에 대한 학습을 통해 다음 주기에 팀이 전보다 개선된 행동을 할 수 있게 하는 구조'라고 할 수 있다.

첫째, 올바른 목표 선택, 즉 '무엇에 집중할 것인지?'를 결정하기 위해 MAV(Mission, Ambition, Vision)와 분기별 전략회의를 통해 목표를 설정한다. 둘째, 목표에 대한 집중과 정렬, '노력하면 성과가 나는 구조'를 확보하기 위해 정기 운영 회의와 투명한 정보 공유를 진행한다. 셋째, 학습을 통한 개선, '어떻게 전보다 나아질 것인가?'를 고민하기 위해 모든 프로젝트 종료 후 2주 이내 리뷰를 진행한다. 이어서 피드백을 위해 매주 진행하는 '위클리 미팅'을 소개하고, '컬쳐 가드너'에 대한 소개가 이어진다. '컬쳐가드너'는 라이너팀 문화가 라이너다운 방향으로 발전하도록 돕는 조직이다. 라이너 팀은 컬쳐가드너를 둠으로써, 라이너의 문화가 라이너다움 방향으로 발전하도록 한다.

다음으로 라이너팀의 문화에 대한 설명이 이어진다.

라이너 팀이 말하는 조직 문화란, '아무도 안 볼 때 자연스럽게 드러나는 정체성과 행동'이다. '라이너 팀에서는 다음과 같이 생각하고 행동하는 사람이 영웅이 됩니다.'라는 문구를 통해 구성원 모두가 함께 조직문화를 실천할 것을 강조한다. 라이너의 미션 문장, 'Help People Get Smart Faster'을 세 파트로 나누면, 라이너의 핵심 가치인 Help People(이타심) / Get Smart(탁월함) / Faster(빨라지는 성장) 가 된다. 이는 선택의 지침에 되어줄 공통의 판단기준이 되며, 이를 통해 모두가 같은 방향으로 바라보고 라이너를 만들어간다.

'라이너 어워즈'는 라이너의 동료평가제도이다. 라이너 어워즈를 통해 문화적 탁월함을 보인 구성원에 대한 보상을 선사할 것을 약속하고 있다.

라이너 팀의 13가지 행동원칙을 '라이너다움'이라고 명명하며 차례로 설명한다. [Move Fast], [Be Bold], [Be Growing] 등과 같이 각각의 행동원칙을 짧은 영어 문구로 나타내어 핵심을 직관적으로 파악할 수 있도록 구성하고, 그 아래 한글로 풀어 설명했다.

다음 페이지에서는 팀에 있었던 성과를 공유하는 'How 미팅'과 지식을 공유하는 세션인 '성장 세미나'를 라이너의 핵심가치를 수호하는 문화를 소개한다.

이어서, 복지 시스템을 [업무환경], [생활], [성장]의 세가지 카테고리로 나누어 나열한다. 이를 통해 라이너는 팀원들의 즐거운 일상을 지지하고, 업무에 몰입하고 성장할 수 있는 최고 수준의 지원을 제공하기 위해 노력하고 있음을 밝혔다.

라이너의 컬쳐북은 맺음말을 끝으로 마무리되고 있다. "오직 한없이 가지고 싶은 것은 높은 문화의 힘이다."라는 문구를 서두에 제시함으로써 라이너에게 조직문화가 가지는 의미와 중요성을 드러냈다. 마지막으로, 구성원이 문화에 대해 함께 고민하고 발전시켜 나가며 LINER WAY를 만들어 나갈 것을 다짐했다.

목차

- 라이너팀 존재이유 — Company
- 라이너팀 일하는 방식 — Work
- 라이너팀 가치관 — Culture

LINER

미션 | *Help people get smart faster*

무한대에 가까운 인터넷의 정보 수용성은 사람들이 필요한 정보를 제때 찾기 어렵게 만들었습니다. 라이너는 인터넷을 사람들이 더 빠르게 똑똑해지는 데 도움되는 방향으로 재구축해 이 문제를 해결하기 위해 존재합니다.

LINER

비전 | 라이너는 초개인화된 인터넷을 발명해 미션을 달성할 것입니다.

사람에게 중요한 정보를 알 수 있는 사람의 힘과
이를 잘 정리할 수 있는 기계의 힘을 함께 사용하여 인터넷의 핵심을 파악합니다.
이후 개인화된 검색, 추천의 형태로 개개인에게 맥락에 맞는 정보를 전달합니다.

정보 수집을 돕는 유틸리티 제공 → 사람들이 찾은 중요한 정보를 기술로 이용해 정리 → 정확한 정보를 사람에게 필요한 맥락에 맞게 제공

WORK

우리는 함께 일을 잘하기 위해 모였습니다.

각자 다른 강점을 가진 탁월한 구성원 개개인의 노력이
팀의 성과로 연결되는 구조를 위해 끊임없이 고민하고 발전시킵니다.

조직 구조   라이너는 하나의 **팀**으로 일합니다.
팀 공동의 목표를 효율적으로 달성하기 위해
미션 조직과 기능 조직이 **유기적으로 협업**하고 있습니다.

**Unstoppable
Growth
Machine
(UGM)**

UGM은 라이너 팀이 일하고 생각하는 방식에 대한 철학입니다.
1. 주기적으로 올바른 목표를 선택합니다.
2. 선택한 목표에 대한 집중과 정렬이 가능한 구조를 만듭니다.
3. 회고를 통한 학습으로 다음 주기에 개선된 사고와 행동을 합니다.

핵심 가치

라이너의 핵심 가치는 우리가 함께 미션을 이루는 여정에서 있을
수많은 선택에 지침이 되어줄 **공통의 판단 기준**입니다.

라이너 미션 선언문인
"Help People - Get Smart - Faster"
순으로 중요합니다.

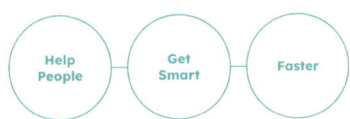

맺음말

"오직 한없이 가지고 싶은 것은
높은 문화의 힘이다."

Part 7 지속가능한 문화 [국내사례]   191

02

라이프스타일에 가치를 더하는 광고 플랫폼 기업

버즈빌

버즈빌은 어떤 기업일까?

회사명: 버즈빌
업종: 시장조사 · 경영조사 · 경영컨설팅
매출: 596억 7,272만 원
사원수: 108명

2012년에 설립된 버즈빌은 AI기반의 리워드 광고 플랫폼을 보유한 애드테크(Ad-tech) 스타트업이다. 독자적인 다이내믹 리워드 기술을 적용한 DSP 플랫폼 및 퍼블리셔를 위한 수익화 모델을 동시에 선보여, 독립계 애드테크 1위에 랭크되어 있다.

버즈빌
컬쳐북 맛보기

☑ 총 페이지

총 35페이지로 구성되어 있다.

☑ 페이지 구성 특징

오프라인으로 배포하기 편하도록 A4용지 사이즈에 맞추어 각 페이지를 구성하였다. 줄글이 아닌 키워드 중심으로 만들어졌으며, 강조하고 싶은 부분은 글자 색과 크기를 활용하여 한 눈에 보일 수 있게 했다. '버즈빌'의 컨셉과 함께 전달하고자 하는 메시지가 컬쳐북 전반에 걸쳐 일관되게 잘 드러나 있다.

☑ 전체적인 흐름

1. Introduction
2. Mission
3. Vision
4. Core Values - 자율, 소통, 성장, 고객 중심
5. Buzzvillians
6. Behind the Book

버즈빌 컬쳐북을 알아봅시다

버즈빌의 컬쳐북은 네번째 리뉴얼을 거치며, 구성원의 목소리를 하나의 메시지로 담기 위해 노력했다. 네번의 수정 과정을 거친 만큼 디자인과 내용적인 부분에서 높은 완성도를 보인다. 이 컬쳐북은 버즈빌 신규입사자가 온보딩 단계에서 가장 많이 살펴보는 자료 중 하나라고 알려져 있다.

컬쳐북은 버즈빌의 미션, 비전, 핵심가치, 그리고 사내제도와 컬쳐북 제작 비하인드 순의 흐름으로 진행된다.

버즈빌의 미션은 '우리는 모두가 사랑하는 방식으로 고객사의 성장을 촉진'시키는 것이다. 버즈빌은 세상을 바꾸고자 하는 파트너사와 광고주, 그리고 유저가 함께 성장하는 플랫폼을 만들것을 다짐하고 있다. 이를 위해 버즈빌은 고유의 광고와 마케팅 방식으로 필수불가결한 서비스를 만들어 새로운 광고를 시장에 선보이고자 한다.

버즈빌의 비전은 '광고 및 마케팅 시장을 재정의함으로써 고객사를 위한 필수 솔루션으로 거듭나는' 것이다. 첫번째, '광고 및 마케팅 시장을 재정의'하는 것은, 누구도 주목하지 않았던 것에 주목하여, 남들과 다른 접근으로 광고 시장을 개척해감을 의미한다. 두번째, '필수 솔루션으로 거듭나는' 것은 마케팅 시장 내 새로운 표준이 되어 독점적 지위를 확보함을 의미한다. 그러기 위해 5가지 하위 비전을 다음과 같이 제시한다; 광고주와 고객을 가장 효과적으로 연결할 것, 디지털 광고비의 10%를 점유하는 서비스로 거듭나 성장을 갈구하는 고객사에게 정답이 될 것, 글로벌 1위의 리워드 기반 마케팅 클라우드 솔루션으로 성장할 것.

다음 페이지부터는 버즈빌 직원들(버즈빌리언)이 함께 고심하여 도출한 핵심가치에 대한 내용이 전개된다. 버즈빌의 핵심가치는 아래의 4가지이다.

1. 자율: 책임에 기반하여 자기주도적으로 일한다.
버즈빌은 누군가의 지시에 의해 움직이는 수동적 태도를 지양하고, 주도적으로 답을 찾아나가며 업무에 임한다. 스스로의 선택을 정답으로 만드는 능동적 업무 태도는 조직과 개인의 성장을 촉진시킨다. 버즈빌리언에게 자율 속 '책임'은 필수불가결한 요소이다. 과정 면면 에서의 주인 의식과 결과에 대한 책임을 동반해야만 진정한 자율이라고 믿는다.

2. 소통: 존중과 용기를 담아 커뮤니케이션 한다.
버즈빌은 개인의 성과도 중요하지만, 팀으로서 함께 만들어내는 결과를 더욱 중요하게 여긴다. 이를 위해서는 서로에 대한 존중과 신뢰를 기반으로 소통해야 한다. 무례하고 공격적인 커뮤니케이션은 팀워크를 해치고, 조직을 경직되게 만든다. 하지만, 탁월한 팀워크를 위해서는 존중과 더불어 직설적으로 말할 수 있는 용기도 함께 요구된다. 따라서 효과적 커뮤니케이션은 존중과 용기, 두 가지를 모두 담아야 한다.

3. 성장: 조직과 동료에게 긍정적 영향을 키워 나간다.
버즈빌은 직원들의 개인과 꿈, 목표에 관심을 갖고 그것을 표현할 수 있도록 장려한다. 자기계발비 지원, 개인 목표 달성을 장려하는 '버즈챌린지' 등의 제도를 통해 성취를 꾸준히 이어나갈 수 있도록 한다. 이와 함께 동료에게 긍정적인 영향을 끼쳐 조직의 성장에 기여하는 것을 강조한다.

4. 고객 중심: 본질에 집중하여, 고객의 기대를 뛰어넘는다.
버즈빌은 1:1 컨설팅 프로그램 진행, 케어시스템의 도입 등을 통해 고객의 불편을 해소해왔다. 하지만 고객의 문제를 표면적으로만 해결해서는 안되며, 문제 이면의 근본적인 원인을 관찰하고 탐구하여 새로운 방식으로 본질을 개선하고자 한다.

이어서 4개의 핵심가치(자율, 소통, 성장, 고객 중심)에 대해 부연설명을 덧붙여, 버즈빌이 지향하고자 하는 방향을 보다 명확하게 표현했다. 한 가지 눈에 띄는 점은, 각 핵심가치에 대한 버즈빌 나름의 정의를 도출하여 표로 나타낸 것이다. 예를 들어, '자율'을 정의하기 위해, '책임감'과 '주도성'을 각각 X축, Y축으로 두어 표로 제시했다. 버즈빌의 자율은 책임에 기반하여 자기주도적으로 일하는 것이다.

버즈빌은 핵심가치를 내재화하기 위한 다양한 제도와 캠페인을 시도하고 있는데, 이에 대한 소개는 임직원들의 인터뷰를 통해 담아냈다. 이를 통해 '함께 만들어 가고 동참하는 문화'임을 자연스레 드러내고 있다.

버즈빌은 첫번째 핵심 가치 '자율'을 수호하기위해 '주 1회 전사 재택근무', 'OKR', '성과 리뷰' 3가지의 제도를 두고 있다. 두번째 가치 '소통'을 위해서는 '전체 회의', '1:1 미팅', '헤이 타코(칭찬 문화)' 제도를 실천한다. 다음으로는 '버즈챌린지 프로그램', '스터디 그룹 지원' 등을 통해 버즈빌리언이 '성장'하고 있음을 드러냈다. 마지막으로 '고객 중심의 조직 개편', '월간 NPS', '제품 전략 피라미드' 제도를 통해 버즈빌의 네번째 핵심가치인 '고객 중심'적으로 일하고 있음을 설명했다.

버즈빌은 이 컬쳐북이 특별한 이유는 '자율적 참여', '폭넓은 소통', 그리고 '행동의 변화'의 특징을 가지고 있기 때문이라고 말한다. 이어지는 페이지에서 컬쳐북을 만드는 사람들, '컬쳐 커미티'를 소개하고 사진을 첨부하였고, 컬쳐커미티 구성원들의 한마디를 삽입하였다. 버즈빌이 얼마나 조직문화에 대해 고민하고 행동하는 지를 알 수 있는 대목이다.

버즈빌 공동대표가 독자에게 전하는 편지 글로 컬쳐북은 마무리된다. 글을 통해 '컬쳐북을 만들어내는 주역은 바로 당신'임을 밝히며, 앞으로 버즈빌의 모습을 함께 그려 나가자는 메시지를 전한다.

우리는 모두가 사랑하는 방식으로,
고객사의 성장을 촉진합니다.

We Boost
Our Client Growth
In a Way People Love

'항상 흘러봤던 까먼 잠금화면이
사용자에게 도움이 될 수는 없을까,
고객사가 잠금화면을 광고 채널로
활용할 수는 없을까?' 라는 생각으로
우리는 잠금화면 광고를 만들었습니다.

Redefine the Advertising and Marketing Markets

익숙한 것을 생경한 시선으로 돌아다봅니다.
'광고를 귀찮아하는 사용자에게 광고를 보는 만큼
진짜 혜택-리워드(Rewards)를 제공한다면 광고를
바라보는 시선이 달라지지 않을까', 생각을 비트는
방식으로 제품을 만들었습니다. 이렇듯 디지털
광고 생태계를 사용자 중심으로 개선함으로써,
일도 민지는 고효율 퍼포먼스를 선사이고 있습니다.
그렇기에 우리는 이 시장의 이단아이자, 혁신가입니다.

이제 우리는, 시장 내 새로운 표준(Standard)으로
거듭나고자 합니다.

자율
Responsible Autonomy

버즈빌리언은 지시를 기다리지 않고, 명확한 목표 의식 하에 주도적으로 문제를 해결합니다. 자율과 책임이라는 두 개의 키워드는 버즈빌리언을 가장 잘 설명하는 핵심 단어입니다.

자기주도적 업무 태도

버즈빌리언은 누군가의 지시에 의해 움직이는 수동적 태도를 지양하기며, 주도적으로 답을 찾아나가며 업무에 임합니다. 스스로의 선택을 정답으로 만드는 능동적 업무 태도는 조직과 개인의 성장을 촉진시킵니다.

높은 수준의 책임감

버즈빌리언에게 자율 속 '책임'은 필수불가결한 요소입니다. 과정 면에서의 주인 의식, 결과에 대한 책임을 동반해야만 진정한 자율이라고 믿습니다.

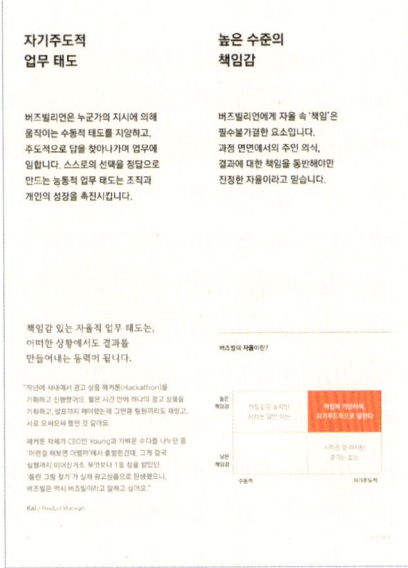

Culture Committee

컬처북을 만드는 사람들, 컬처 커미티

Part 7 지속가능한 문화 [국내사례]   199

03

'비즈니스는 사랑이다'를 외치는 컨설팅회사
가인지컨설팅그룹

가인지컨설팅그룹은 어떤 기업일까?

회사명: 가인지컨설팅그룹
업종: 컨설팅 · 연구 · 조사
매출: 37억 원
사원수: 46명

GC 가인지 컨설팅그룹

    가인지컨설팅그룹(이하 가인지)은 '세상을 변화시키는 1,000명의 경영자'를 세우는 것을 비전으로 삼고, 2001년부터 교육과 컨설팅을 제공해왔다. 이제는 디지털 전환을 성공적으로 이뤄가며, 자사 온라인 플랫폼, 유튜브, 언론 등 다양한 채널을 보유하고 있다. 2022년, 국내 유일 경영자 OTT 서비스인 '가인지캠퍼스'를 만들어 언더백(U-100) 기업의 경영자들을 적극적으로 돕고 있다.

가인지컨설팅그룹
컬쳐북 맛보기

☑ 총 페이지
총 70페이지로 구성되어 있다.

☑ 페이지 구성 특징
사진과 이모티콘, 표와 같은 시각적 요소들을 활용하였고 구성원들의 밝은 사진을 적극적으로 활용하여 다채롭게 페이지를 구성하였다. 각 카테고리 별 줄글 형식으로 작성하여 상세한 내용으로 구성했다.

☑ 전체적인 흐름

Part 1. 가치경영: '우리는 왜 모였습니까?'
- 가인지 History, 미션, 비전, 가치, 브랜드

Part 2. 인재경영: '우리는 누구입니까?'
- 멤버 소개, 온스트레칭 프로그램, 성장제도, 시스톰, 문화

Part 3. 지식경영: '우리는 어떻게 일하고 있습니까?'
- Work Way: 핵심습관, 우리가 일하는 방식
- Infra Deck: 협업툴, 가인지메뉴판, 추천 도서 리스트, 공간, 협력 파트너 코치
- Priority: 정부인증내역, 법정의무교육

가인지컨설팅그룹 컬쳐북을 알아봅시다

'Do Everything In Love'

　기업의 방향성이 담긴 문구와 함께 경영자가 전하는 메시지로 컬쳐북을 시작한다. 컬쳐북에는 단순히 문화만 담겨 있는 것이 아니라 업의 본질과 철학, 구성원의 행동지침을 포함하고 있다. 동시에 현재 팀원과 미래 팀원이 컬쳐북을 봤을 때, 기업의 모든 것을 느낄 수 있을 정도로 구체적인 내용을 담았다. 특징점은, '우리'라는 표현을 많이 사용하여 이 모든 것은 가인지에 속한 '모두가 함께'하는 것임을 드러내고 있다.

　컬쳐북은 크게 '가치경영', '인재경영', '지식경영'의 세가지 흐름으로 진행된다. 가인지컨설팅그룹만의 독자적인 경영 방법인 '가인지경영'의 아이디어를 차용하여 세가지 카테고리로 나누었다.

　첫번째, '가치 경영'에서는 미션, 비전, 핵심가치 등을 소개하며 '우리가 왜 모였는지'를 설명한다. 가장 먼저, 가인지 History라는 문구와 함께 2005년부터 2022년까지의 연혁을 정리한다. 과거와 현재 그리고 미래를 잇는 부분이다. 그리고 강조되는 점이 가인지가 꿈꾸는 세상, '미션'을 'Do Everything in Love'라는 문구를 통해 소개한다. '비즈니스의 본질은 사랑'이라고 밝히며 기업의 방향성을 명료하게 선언했다. '하열사 공동 선언문', '명예서약서'라는 서류를 첨부하여, 조직 구성원이 회사에 방향성에 동의하고 함께 나아갈 것을 다지는 과정을 소개했다. 이후 가인지가 달려온 길, '비전'을 '세상을 변화시키는 1,000명의 경영자를 세우는 것'이라고 명시했다. 세상을 변화시키는 힘은 경영자들에게 있다고 믿으며, '함께' 성장하고 협력하는 비즈니스 생태계를 만들어 가는 것이 가인지가 달려갈 길이라고 설명한다.

다음으로는 가인지가 중요하게 여기는 '핵심가치' 7가지를 제시하며 구체적으로 설명했다. 가인지의 7가지 핵심가치는 아래와 같다.

1. 사람들의 영적 필요에 관심을 갖는다
2. 일을 통해 성장한다.
3. 과정을 통해 사랑을 실천한다.
4. 돈이 아닌 가치를 추구한다.
5. 탁월함을 넘어 감동을 선사한다.
6. Live in the Principle: 우리가 말한 원칙을 지키며 살아간다.
7. 지식 탐험대: 지식을 발굴하여 성과를 낸다.

7개의 핵심가치를 통해 가인지의 인재상이 어떤 사람인지 느껴진다. 다음으로는 회사의 브랜드와 사업을 소개했다. 가인지 브랜드, '가인지컨설팅', '가인지캠퍼스', '가인지벙커'의 유기적인 구조를 소개했다. 이미지 요소를 활용하여 그 구조를 시각적으로 잘 이해할 수 있도록 했다.

'인재경영' 카테고리에서는 멤버 소개, 교육, 승진, 복지, 문화를 다뤘다. 가장 먼저, 가인지의 구성원이 되면 제작하는 '개인브랜딩포스터' 이미지를 삽입하여 멤버들을 소개했다. 다음 페이지에서는 정직원이 되기 전, 3개월 간의 수습기간에 진행되는 프로그램과 과제들을 명시하고, 이어서 승진이 이루어지는 절차와 기준, 자격 등을 언급했으며, 가인지에서 성장하기 위한 제도, '사랑의 피드백과 셀프 피드백 에세이', '골든 미팅'의 진행방식과 절차를 설명한다. 이어서 '가인지 시스템'이라고 부르는 가인지만의 일에 즐거움을 더하는 요소, 교육, 승진, 포상 그리고 복지제도를 소개했다. '소모임 비용 지원', '건강검진', '지인추천포상', '경조사 지원금', '안식월' 등에 대한 운영 방식, 지급 시기, 자격 등에 대해 굉장히 구체적으로 설명했다.

다음으로 가인지만의 연간행사, '사랑으로 일하는 사람들', '신앙수련회', '양화진의 아침', '새벽 출정식', '하열사 데이', '로빈 컨버스'를 소개했다.

마지막 카테고리, '지식경영'은 'Work Way', 'Infra Deck', 그리고 'Priority'의 세 가지 하위 목차로 구성했다. 가장 먼저 8가지의 핵심 습관과 그에 따른 행동원칙을 제시하며, 앞으로 가인지의 일원이 될 구성원들이 이 습관들을 실천할 것을 권고했다.

8가지 핵심습관은 아래와 같다.

1. 항상 두 권의 책을 읽으십시오.
2. 질문을 자주 많이 하십시오.
3. 전도하십시오.
4. 자료는 쉽고 빠르게 공유하십시오.
5. 아침은 문화, 저녁은 심플하게 생활하십시오.
6. 언제나 온보딩 준비 상태를 유지하십시오.
7. 30%일 때 시작하고 피드백 해 가십시오.
8. 당일 리턴콜을 습관화하십시오.

8가지의 핵심습관을 통해 성과를 내는 성과습관을 표현해주고 있다. 이어 가인지에서 일하는 원칙을 한 페이지 당 두 개씩 나누어 설명한다.

피드백을 위한 5가지 질문인 'AAR 피드백 방법론', 일을 주는 방법론인 'COP', 과업을 받았을 때의 소통 방법 '디브리핑', 핵심부터 이야기하는 '합정동의 원칙'을 포함하여 사실중심으로 이야기하는 '있는 그대로의 소통', 다른 사람과 함께 체크하는 '크로스체크의 원리', 선험지식을 갖고 일하는 '거인의 어깨에서 일하기' 등 총 11개의 원칙을 명시하고 있다.

이어지는 내용으로 가인지 내에서 사용하는 협업툴인 '하고라', '드롭박스', '구글 캘린더', '플로우'의 사용 방법과 원칙에 대해 소개했다. 이미지를 첨부하는 등 처음 사용해보는 사람들도 잘 이해할 수 있게 설명했다.

다음 페이지에서는 신규입사자 대상 학습 리스트 '가인지 메뉴판'과 '추천도서 리스트'를 표 형식으로 삽입했고, 이어 공간과 관련된 모든 책임을 맡는 '공간매니저'의 목적과 역할, 그리고 사진을 첨부하여 '가인지 공간' 3곳을 소개했다.

'가족친화기업', '청년 친화 강소 기업', '이노비즈'등 정부 인증 서류를 사진으로 첨부하였고, '성희롱 예방 교육', '직장 내 장애인 인식개선 교육' 등 법정의무교육에 대한 내용도 추가하였다.

인재경영
1. 하열사를 소개합니다.

인재경영
3. 가인지 성장제도

2023년 기준 가인지의 직급은 총 5단계로 나뉩니다.
요원 - 더당이 - 하고보 - 하물 - 모사

평균적으로 가인지에서는 개년 연말 1회 승진식을 진행합니다.

승진은 현재 직급으로 1년 이상 근무한 하열사라면 누구든지 도전할 수 있고, 승진의 가장 중요한 조건은 서로 (available) 입니다. 'available' 한 사람이라는 것은 고객과 동료의 필요에 대해 언제나 응답하고 반응하는 사람을 말하며, 그 증거들을 스스로 증명하여 승진에 도전할 수 있습니다.

2023년 승진은 아래와 같이 이루어집니다.
가인지 고시에 합격하고,
9월에 안내되는 2023년 승진기준에 부합한 사람으로서
3인의 워런티를 받고, 셀프 피드백 에세이를 제출하면 승진심사에 도전하실 수 있습니다.

매년 승진시스템을 버전업하고 있으며, 버전업 된 제도는 연말 새벽출장에서 안내됩니다.

가인지에서는 스톡옵션을 운영하고 있으며, 매년 승진자들을 대상으로 안내합니다.

하열사 승진시스템
=
가인지 고시 합격
+
2023 승진기준
+
3인의 워런티
+
셀프피드백 에세이

지식경영
1. Workplace

우리의 핵심습관 4.
자료는 쉽고 빠르게 공유하십시오

정보의 비대칭을 없애십시오.
실제 정보와 사람들이 알고 있는 정보가 100% 같아야 합니다.

회의가 끝나면, "회의를 마치겠습니다"라는 멘트와 동시에 회의록(DDD)을 참석자들에게 공유해 주십시오.
V0.5짜리 강의안이 제작되었다면,
V0.5를 일단 빠르게 공유하고, V0.7이 되면 또 공유하고,
V1.0이 되면 또 공유하는 것입니다.

정보의 비대칭은 미스 커뮤니케이션을 만들고,
잘못된 의사결정, 타이밍에 맞지 않는 의사결정을 낳게 됩니다.
개인 PC와 지식뱅크를 100% 일치하게 만드십시오.

지식경영
2. Infra Deck

하고라 사용법

가인지 자체 영상관 [하고라: 하열사 아고라]을 운영합니다.

하고라 접속주소:
https://gaingecampus.gainge.com/
기업코드: 301779

하고라는 하열사들만 접속할 수 있는 페이지로,
가인지 문화에 대해 알 수 있는 영상들이 업로드되어 있습니다.
가인지 문화 행사, 멤버들의 자기소개 영상, 로빈 컨버스 영상들이 있습니다.

Appendix

컬쳐북 행진

The Power of
Organizational
Culture

컬쳐북의 행진이 시작됐습니다.

32개 기업의 컬쳐를 담았습니다.
지나는 행진 속에서
우리 기업에 맞는 적용점을 얻어갑시다!

01 아이디어스

아이디어스 (idus)

아이디어스는 핸드 메이드 작품을 작가들이 직접 판매하는 마켓 플랫폼이다. 아이디어스의 고객들은 일상생활에서 느끼는 불편함의 요소를 차별화되고 혁신적인 아이디어로 해결하는 제품에 매력을 느끼고 있다고 한다. 아이디어스가 고객들에게 전달하는 메시지, '아이디어스와 함께 취향 발견! 나만의 라이프 스타일을 완성하다'를 통해서도 기업의 지향점을 확실히 알 수 있다. 아이디어스는 명확한 목표설정을 바탕으로 누적거래액 8,400억원, 앱 다운로드 1,560만건을 기록하였으며, 이용자 재구매율은 85%에 달하여, 거래액 기준 매년 2배 이상 빠르게 성장하고 있다.

우리는 높고	우리는	우리는 서로에게
담대한 목표를	프로페셔널함을	최고의 동료가
추구합니다.	추구합니다.	됩니다.

4. Aim high   5. Be professional   6. Be a superb colleague

아이디어스는 기업의 컬쳐를 홈페이지 내에서 Culture fit으로 표현하고 있다.

이는 구성원들의 적절한 행동양식을 여섯 장으로 나타내 주며 명확한 메시지와 가독성 높은 문장을 전달한다. 특히, 기업의 중요가치를 나타내는 단어에 아이디어스의 브랜딩 컬러인 오렌지 색을 활용해 강조점을 둔 것이 인상 깊다. 페이지의 오른쪽 하단에는 행동양식을 하나의 영어 키워드로 정리하여 깔끔하게 강조한다. 이는 One team, Be open, Action과 같이 아주 직관적인 단어들로 이루어져 있다.

아이디어스의 Culture fit은 컬쳐를 녹여낸 기록물을 만들 때 핵심가치에 맞는 행동양식을 도출해 간결하게 정의하는 것, 표현 방식에 있어 가독성을 중시하는 것, 마지막으로 중요 메시지에 기업의 브랜딩 컬러를 넣어 강조하는 것이 중요함을 알려준다. 기업의 철학에 대한 간결한 재정의와 브랜딩 컬러에 집중하여 우리 조직의 메시지를 구성원에게 전달하기 바란다.

02 토스

토스 (toss)

토스는 모바일 금융 서비스를 제공한다. 어렵고, 불편하고, 멀게 느껴지는 금융이 아닌 누구에게나 쉽고 상식적인 금융을 만드는 것이 토스의 미션이다. 이를 바탕으로 누적 가입자 수 2,200만명, 누적 투자금액 1조원, 전체 팀원 수 1500명, 출시 서비스 수 50개를 기록하며 모바일 금융 서비스 시장의 선두 자리를 탄탄히 지키고 있다.

그중 하나인 '토스팀 문화에 대한 소개' 글 전문을 공개합니다.

읽기 전 당부: #긴글주의 #스크롤압박 #다읽으면당신은이미토스팀

일관성 vs **자율성**

통제와 조정 vs **신뢰와 위임**

관료주의를 통한 완벽한 효율 vs **혼란을 허용하는 유연한 조직**

토스는 기업의 문화를 '토스 문화 소개 문서' 라는 이름으로 웹 상에 공개하고 있다.

먼저, '읽기 전 당부: #긴글주의 #스크롤압박 #다읽으면당신은이미토스팀' 이란 해시태그로 유머러스하게 글을 시작한 부분이 인상적이다. 해당 페이지를 읽을 사람은 기업의 투자자나 주주가 아니라 토스의 입사자 혹은 입사지원자이다. 토스 문화 소개 문서는 그 점을 고려해 일종의 아이스브레이킹을 글에 넣어 무게를 가볍게 해주었다.

다음으로, 상반되는 가치의 비교를 통해 기업이 원하는 가치가 무엇인지 명확하게 인지하게 해준다. '토스는 자율성을 지향하는 조직입니다.'라고 쓰는 대신 '일관성 VS **자율성**' 이라고 제시하면서 양쪽 가치 모두 중요한 가치이지만 후자의 것이 중요하다는 것을 자연스럽고 센스있게 알려준다.

조직의 상황에 적합하다면, 해시태그와 같이 글을 직관적으로 만들어주는 요소를 적극적으로 활용해봐도 좋다. 기업의 중요가치를 표현할 때는 단순히 단어를 나열하기보단 비교를 통해서 강조할 수도 있다. 토스 문화 소개 문서의 인사이트를 활용하여 기업의 컬쳐를 조금 더 시각적인 방식으로 전달해보기 바란다.

03 픽사메이커스

p!xar makers

픽사메이커스

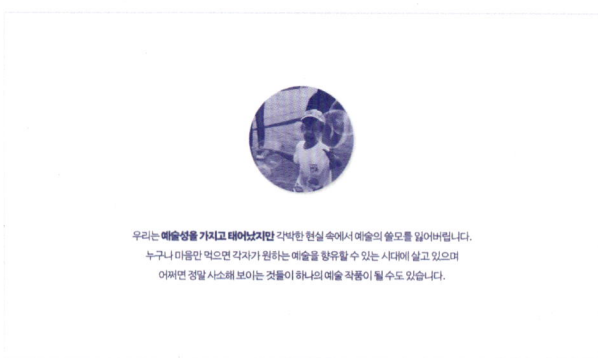

March of the Culture Book

픽사메이커스는 예술성을 지닌 아티스트들과 함께 브랜드를 만들거나, 로고디자인, 마케팅 분야에서 기업의 성장을 도모하는 회사이다. 특히, 예술적 브랜딩을 통해 작은 브랜드가 더 좋은 브랜드로 거듭나게 하는 사업에 중점을 두고 있다.

픽사메이커스는 그들의 컬쳐북을 'Artful'이라 이름 지었다. Artful은 New Art & Culture를 만들어 가기 위한 걸음의 첫 번째 발자국이다. 먼저 통일된 색상 사용이 눈에 띈다. 컬쳐북은 우리 기업의 정체성을 알려주는 하나의 콘텐츠이다. 흔히 알고 있는 브랜드 컬러와 별도로 컨텐츠를 만들 때 사용할 색상을 정해 주는 것도 좋다. 브랜드의 색상 가이드는 콘텐츠에 통일감과 완성도를 더해준다. 다음으로 픽사메이커스는 확실한 키비주얼을 갖고 있다. Artful 내에 쓰인 키 비주얼은 그라데이션, 원, 그리고 블루이다. 이러한 키비주얼이 없었다면 내지를 알록달록하게 만들거나 부자연스러운 그림을 넣어 컬쳐북의 톤앤매너를 해쳤을지도 모른다.

컬쳐북은 누군가에겐 기업의 첫인상이 된다. 정체성이 담긴 시각적 요소를 컬쳐북 전반에 걸쳐 활용하면서 기업의 이미지를 확실하게 전달하기 바란다. 컬쳐북에 사용할 색 조합을 미리 결정하는 것, 완성도 있는 키비주얼을 활용해 내지를 구성하는 것. 사소해보이지만 이와 같은 요소들이 모여 '기업의 이미지'를 만들어 낸다. 적절한 시각적 요소를 통해 통일성있는 컬쳐북을 완성해가기 바란다.

04 크래프톤

KRAFTON

크래프톤

　크래프톤은 전 세계 게이머들에게 최고의 게임 경험을 제공하는 기업이다. 배틀로얄 장르에서 독보적인 위치에 있는 게임, 배틀그라운드뿐 아니라 테라(TERA)나 엘리온(ELYON)을 통해 캐주얼 게임시장에서도 강자의 지위를 보유하고 있다. 크래프톤은 PC, 모바일, 콘솔 등 다양한 플랫폼에서 즐길 수 있도록 하는 개발과 함께 딥러닝과 엔터테인먼트 등 새로운 분야의 사업을 발굴하며 기술 기업으로서 강점도 발휘하는 기업이다.

March of the Culture Book

How We Work
최고의 게임을 향한 끊임없는 도전 정신으로 우리만의 특별한 결과물이 만들어집니다.

Project Windless
자율성이 보장돼야 능동성이 나오고, 능동성 아래에서 에너지가 생긴다.
에너지는 많으면 많을수록 좋다.

    크래프톤은 그들의 컬쳐를 웹페이지상의 '피플'이라는 이름으로 소개한다. 컬쳐북의 이름을 정할 땐 우리가 가장 나타내고 싶은 가치가 무엇이며 그것을 어떻게 함축시킬지 고민해야한다. 크래프톤은 게임 제작을 이끌고 성과를 만들어 내는 것은 결국 '사람'에서 시작됨을 강조한다. 이것이 크래프톤의 컬쳐를 다룬 문서의 이름이 '피플'인 이유다. 이와 같은 네이밍은 사람 중심의 회사인 크래프톤의 비전을 구성원이 함께 공감하게 만들어준다. 다음으로, 우리가 어떻게 일하는지를 나타내주는 'How We Work' 파트에서 웹페이지의 특성을 잘 살려 동영상을 활용한 것이 인상적이다. 동영상 오른편에는 영상에 담신 메시지를 나타내주는 영어 단어를 배치하여 영상 시청에 앞서 핵심 내용을 직관적으로 파악하게끔 도와준다.

    크래프톤의 '피플'은 기업의 컬쳐를 나타내는 기록물을 만들 때 그 네이밍의 중요성을 알려준다. 컬쳐북의 타이틀은 기업의 비전이나 목표와 연관되어있고 이들을 함축해서 나타내야 한다. 또한 컬쳐북에 영상을 활용할 때 영상에 대한 직관적인 설명을 덧붙이면 독자의 이해를 도울 수 있다. 적절한 네이밍과 영상을 함축하는 부연 설명으로 구성원에게 기업의 컬쳐를 전달하기 바란다.

05 허브스팟

허브스팟

기업의 경영자라면 한번쯤은 눈 앞에 놓인 마케팅 리포트가 유효한지 고민하게 된다, 허브스팟은 이러한 고민을 대신해준다. 마케터들이 만든 마케팅 지원 툴 허브스팟! 고객 입장에서 생각하며 고객을 옹호자로 만드는 디지털 성장 플랫폼! 이것이 허브스팟이 스스로에게 붙인 칭호이다. 허브스팟은 근거 있는 자신감과 함께 기업의 디지털성장 혁신을 이루어 낸다.

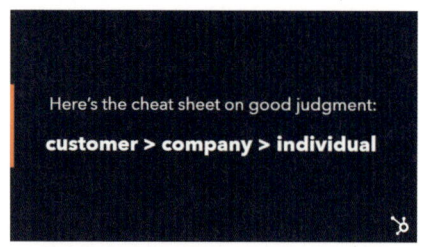

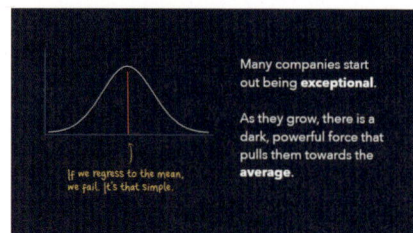

허브스팟은 그들의 컬쳐북을 '컬쳐코드'라는 이름으로 배포하고 있다. 많은 기업의 컬쳐북이 슬라이드 형식으로 이루어져 있다. 허브스팟의 '컬쳐코드'를 통해 슬라이드에서 메시지를 효과적으로 전달하기 위한 3가지 방법을 살펴보자. 먼저, 수식을 활용한 부분이 인상적이다. 슬라이드의 제목인 '우리의 공식(OUR FORMULA)'을 브랜드 컬러인 주황색을 사용해 강조했으며 그 오른편에 '대단한 사람들 + 자율성과 오너십 + 확실한 방향 = 영감의 성취' 라며 허브스팟 문화의 수식을 전개한다. 이와 같은 수식은 사람들의 시선을 끌 뿐 아니라 전달하는 바에 논리성도 더해줄 수 있다.

다음으로, 그래프의 활용도 좋은 방법이 된다. 그래프가 등장하면 내용이 어렵게 느껴질까 걱정될 수도 있다. 그렇다면 오히려 정말 가볍고 위트 있는 내용을 그래프를 통해 소개하자. 이처럼 역설성을 활용한 유머는 영미권에선 이미 익숙하게 사용되고 있다. 허브스팟은 멋진 정규분포 그래프와 그 아래에 '우리 모두가 평균으로 회귀한다면 그것은 실패입니다' 라는 멘트를 끼워 넣으면서 탁월함을 추구하는 기업의 방향성을 확실히 하고, 독자에게 신선한 인상도 남기고 있다.

수식과 그래프는 기업의 문화를 논리적으로 혹은 위트있게 나타내줄 수 있다. 우리 기업의 컬쳐를 녹여낼 때에도 이를 활용하여 강조점을 둔 메시지를 전달해 보자.

06 버드뷰

버드뷰

버드뷰는 대한민국 1등 뷰티 앱, 화해의 개발팀이다. 화해는 20, 30대 여성 절반 이상이 사용하는 서비스로, 시중에서 구할 수 있는 거의 모든 뷰티 정보를 제공하고 있다. 그래서 그들의 슬로건도 '내가 찾는 모든 뷰티, 화해' 이다. 화해의 차별화 포인트는 다양하다. 내 피부 맞춤 리뷰, 소비자와 MD의 추천 제품, 거기다 실시간 화장품 랭킹까지. 폭발적으로 성장하는 K-뷰티 시장에서 화해는 화장품 정보 탐색에서 구매까지 한번에 가능하게 하는 앱으로서 그 기능을 톡톡히 하고 있다.

March of the Culture Book

버드뷰의 컬쳐북, 'birdies'는 어느 덧 다섯 번째 버전업을 마친 베테랑 컬쳐북이다. 앞서 컬쳐북은 계속해서 업데이트가 필요하다는 점을 말했다. 컬쳐북 birdies는 팬데믹 상황을 지나면서 근무 방식이 전사 재택근무에서 하이브리드 근무로 전환됨에 따라 이전보다 사무실에서 다양한 구성원을 만날 수 있게 된 상황을 반영하여 업데이트 되었다. 컬쳐북에 어떤 내용을 담아야 할 지 고민이라면 주위를 둘러보자, 곁에서 일하고 있는 직원 각각이 우리 문화의 대표이다. 화해는 직원들이 팬데믹 상황에서 겪었던 경험을 컬쳐북에 인터뷰 형식으로 담으며 직원의 목소리를 기록으로 남겼다.

birdise에는 또 하나의 차별점이 있다. 바로 컬쳐북 내에 구성원이 직접 참여할 수 있는 파트가 존재한다는 점이다. 버드뷰의 업데이트 된 컬쳐북 주제는 '다시' 일상으로 돌아간다는 의미의 'RE'이다. 버드뷰는 'RE' 뒤에 이어질 문장을 구성원이 자유롭게 채워넣을 수 있는 공간을 컬쳐북 내에 만들었다. 직원들은 'RE load' 'REalize'처럼 저마다가 추구하는 가치가 바탕이 된 각자의 'RE'를 컬쳐북에 담았다.

birdies는 기업의 문화를 컬쳐북에 담기 위해 구성원을 인터뷰하는 방법을 쓸 수 있다는 점, 구성원이 직접 각자의 가치를 컬쳐북에 적어보며 내재화할 수 있다는 점을 알려준다. 인터뷰와 직접 적어볼 수 있는 페이지를 활용하여 뻔하지 않은 편(Fun)한 컬쳐북을 제작해 보기 바란다.

07 링크드인

Linked in

링크드인(linkedin)

토탈 구인 구직 사이트인 링크드인은 스스로를 프로를 위한 커뮤니티라 소개한다. 링크드인을 통해 수백만 명을 대상으로 채용공고를 게시할 수도 있고 구직중 기능을 이용하여 리크루터에게 비공개로 구직 의사를 표시하거나 공개적으로 LinkedIn 커뮤니티에 이직 희망 중임을 알릴 수도 있다. 나와 맞는 새로운 일자리의 기회, 혹은 새로운 직원과의 만남이 모두 링크드인에서 이루어진다.

March of the Culture Book

링크드인의 컬쳐북, 'SHIFT'는 회사가 혁신시키고 싶은 세 가지, 자신과 회사 그리고 세계를 강조하며 기업의 핵심가치를 선언한다. 링크드인의 사례에서 특히나 주목하면 좋을 것은 구성원의 사진을 효과적으로 컬쳐북에 활용할 수 있는 방법이다. 일례로, SHIFT에선 구성원이 직접 프린팅된 슬라이드를 들고 슬라이드에 등장한다. 이처럼 뻔하지 않은 사진 구성을 통해 슬라이드의 내용을 강조하고 풍성하게 채워 나가기에 지루하지 않다.

당신의 회사는 성장하고 있는가? 우리 회사가 발전하고 있다며 일일히 줄글로 써내려가거나 통계자료로 보여줄 수도 있지만 구성원들이 함께 찍은 단체 사진을 활용하는 것도 하나의 방법이 될 수 있다. 링크드인은 기업 규모의 성장을 이런 저런 수치로 표현하기보단 직원들의 단체 사진 두 장으로 설명을 마친다. 깔끔하면서 효과적이다.

링크드인의 SHIFT는 구성원들의 사진을 활용하여 컬쳐북을 제작하고 싶은 기업에게 좋은 레퍼런스라 말할 수 있다. 뻔하지 않은 슬라이드를 구성하는 방법, 사진 두장으로 기업의 발전을 표현하는 방법은 컬쳐북 제작시 간단하지만 강력한 메시지 전달법이 되어줄 것이다.

08 여기어때

여기어때.

여기어때

여기어때는 여행, 여가 상품의 예약과 연결을 도와준다. 다양한 숙박권과 항공권을 실시간 최저가로 예약할 수 있으며 혹시 직장인이라면 여기어때 비즈니스를 통해 출장부터 복지까지 이용할 수도 있다. 최근, 여기어때는 여행 뿐 아니라 여가의 모든 순간을 책임질 수 있도록 숙박, 항공, 액티비티, 렌터카, 맛집, 모바일티켓 등 원스톱 여행 플랫폼을 만들며 고객의 행복한 순간을 책임지기 위해 노력하고 있다.

리프레시 휴가

열심히 달린 만큼 잘 쉬는 것도 중요하죠.
입사 후 3년마다 10일의 휴가와 100만 원의 휴가비를 드려요.

여기어때 포인트 지급

가족, 친구, 연인과의 행복한 시간을 지원해요.
매년 지급되는 여기어때 100만 포인트로 사랑하는 사람들과 여행을 떠나세요.

렌터카 무료 대여

근교로 떠나는 나들이부터 여행까지 법인차량을 이용할 수 있어요.
주말과 공휴일 언제든 무료로 빌려 드려요.

경조사 지원

구성원의 희로애락을 함께 해요. 아이의 탄생부터 결혼까지 기쁜 일엔 축의금을, 슬픈 일엔 조의금 및 상조 물품을 지원해요.

Innovation
끊임없이 변화와
혁신을 추구합니다

Act with speed
빠른 실행으로
경쟁력을 확보합니다

Have courage
세상에 변화를 일으키려면
반드시 용기가 필요합니다

Take ownership
주인의식과 책임감은
리더십의 핵심입니다

여기어때는 기업의 컬쳐와 팀문화를 웹 페이지 상에 공개하고 있다. 여기어때의 9가지 리더십 원칙이 그 중 하나이다. 구성원 모두가 공감하는 리더십 원칙이 있을 때 새로운 여행, 여가 문화가 만들어질 수 있다. 이 원칙들은 각각 하나의 영어단어와 이를 설명하는 한글 한 문장으로 이루어져 있는데, 영어 단어의 경우 여기어때의 브랜딩 컬러인 빨간색을 사용해 강조점을 두었고 한글 문장의 경우 영어 단어와 길이가 맞도록 두 줄로 끊어 사용하고 있다.

복리후생의 경우 리더십 원칙을 소개할 때와는 조금 다른 방식을 사용한다. 여기어때는 복리후생의 각 항목마다 어울리는 일러스트를 그려 넣어 직원의 복지 카테고리에 맞는 편안한 분위기를 만들어냈다. 일러스트에도 여기어때의 브랜딩 컬러가 들어갔지만 채도를 낮추어 통일감은 잃지 않되, 편안한 분위기를 자아내고 있다. 글꼴 색 또한 제목에는 검은색, 설명에는 회색을 사용해 가독성을 높였다.

여기어때의 컬쳐 기록물은 브랜드 컬러를 활용할 수 있는 다양한 방법을 보여준다. 같은 브랜드 컬러라도 강조할 부분은 높은 채도로, 차분한 분위기를 주고 싶다면 낮은 채도로 변화를 줄 수 있다. 우리 기업의 컬쳐북은 어떤 분위기인가? 적절한 톤앤매너를 지킬 때 컬쳐북의 완성도는 높아질 것이다.

09 현대글로비스

HYUNDAI GLOVIS

현대글로비스

현대글로비스는 대한민국 굴지의 대기업, 현대자동차그룹의 글로벌 종합 물류 계열사이다. 국내외 유수의 완성차 브랜드에 완벽한 물류 서비스를 제공하며, 최근에는 친환경 수소와 EV 밸류체인의 통합 운영체계를 구축하며 종합솔루션기업으로 거듭나기 위한 노력을 펼치고 있다.

현대글로비스의 라이프스타일 가이드북은 굉장히 흥미로운 첫 페이지를 갖고 있다.

먼저, 사선으로 배치된 글자들이 역동적으로 배치되어 시선을 사로잡는다. 조금 더 살펴보면 곧 각 제목이 굉장히 위트있게 쓰여 있단 걸 눈치챌 수 있다. '빨라야 하는 건 짜장면 만이 아니다'처럼 말이다. 각 제목 위쪽엔 해당되는 카테고리가 파란 글씨로 쓰여 있다. '보고' 가 그것이다. 아마 가이드북의 독자는 먼저 제목에 흥미를 갖고 그 의미를 궁금해할 것이다. 그리고 곧 아, 짜장면 만이 아니라 보고도 빨라야 하는구나 하고 즐겁게 이해할 수 있다.

March of the **Culture Book**

Glovis Lifestyle Behavior Index

- ☑ 농담으로라도 퇴근, 휴가에 대한 불필요한 언행을 하지 않는 분위기를 조성한다.
- ☑ 업무 지시는 업무 시간에만 하고, 업무 시간 외에 팀즈나 외부 메신저 (카카오톡, 텔레그램 등)으로 업무 관련 연락을 하지 않는다.

    라이프스타일 가이드북은 페이지 형식으로 제작된 컬쳐북이기에 줄글이 있을 수밖에 없다. 현대글로비스는 한 페이지의 줄글을 '사례 - 결론 - 현대글로비스인이 갖춰야 할 모습 - 핵심가치'의 4단계로 구성한다. 먼저, 사례를 통해 독자의 흥미를 끌고 결론을 도출한다. 다음으로 이 같은 사례에서 현대 글로비스인이 배워야 할 모습을 한번 더 강조하고 글은 마침내 기업의 핵심가치, 'Work Hard, Rest Harder' 로 깔끔히 마무리된다.

    현대글로비스의 라이프스타일 가이드북은 흥미로운 줄글을 구성하는 방법, 핵심가치를 역동적으로 배치해 컬쳐북의 효과를 끌어올리는 방법에 대한 인사이트를 제공한다. 사례로 시작해 핵심가치로 끝나는 글의 구성과 사선 배치, 위트있는 제목은 우리 조직의 방향성을 명확히 전달하는데 도움을 줄 것이다.

10 테슬라

테슬라

테슬라는 미국 최대 전기차 제조업체이며 지속 가능한 에너지로의 세계적 전환을 가속화하는 것을 사명으로 갖고 있는 기업이다. 테슬라는 궁극적으로 배출량 제로와 청정 에너지 생산을 목표로 하고 있다. 테슬라의 전기차, 배터리 그리고 재생 에너지 기술의 결합이 훨씬 더 강력한 효과를 발휘해 이것을 가능하게 만들 것이고, 바로 이것이 테슬라가 그리는 미래이다.

테슬라의 조직문화는 안티 핸드북(anti-handbook)이라 불리는 4쪽짜리 핸드북에 담겨 있다. 핸드북을 안티 핸드북이라 명명한 네이밍 센스는 테슬라의 기업 문화를 잘 나타내 준다. 보도에 의하면 이 핸드북은 "엘론 머스크 그 자체(It's pure Musk)"라는 평까지도 들었다고 한다. 핸드북은 신뢰, 소통, 자율성, 그리고 리더십의 4가지 가치를 일목요연하게 정리해 보여준다. 그 중 '소통'의 페이지를 펼쳐보며 테슬라가 소통의 가치를 구성원에게 전달할 때 컬쳐북을 어떻게 활용하는지 알아보겠다. 해당 페이지의 첫 문장은 다음과 같다.

> "Anyone at Tesla can and should email or talk to anyone else according to what they think is the fastest way to solve a problem for the benefit of the whole company."

"회사의 이익과 연관된 문제를 빠르게 해결하기 위해서라면 당신은 누구에게나 이메일을 보내고, 이야기를 나눌 수 있습니다." 핸드북은 여기에 한 문장을 덧붙인다. "물론, 일론에게 직접 말해도 됩니다(You can talk to Elon)"

테슬라는 우리 회사의 중심 가치는 소통이다, 라고 표현하는 대신 회사의 이익과 관련 있다면 세계적으로 유명한 회사대표와 소통하는 것도 가능하다 말한다. 우리 회사의 핵심 가치를 표현할 때 그 '정도'를 함께 표시하고 구체적인 사례까지 함께 제시해보자. 새로 들어온 구성원은 그 가치가 회사에 얼마나 중요한지 확실하게 알 수 있을 것이다.

11 스포티파이

스포티파이

스포티파이는 음악 스트리밍 서비스의 새 지평을 연 기업이다. 스웨덴에서 시작한 세계 최대의 음악 스트리밍 업체이며 7000만곡 이상의 트랙과 40억개 이상의 플레이리스트를 제공한다. 이를 통해 전 세계 청취자들의 음악 취향에 맞춘 아티스트 발견 경험을 제공했고, 노출 기회가 적었던 아티스트에게는 새로운 팬들과 연결될 수 있는 기회를 만들어냈다.

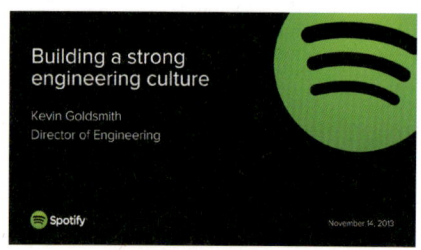

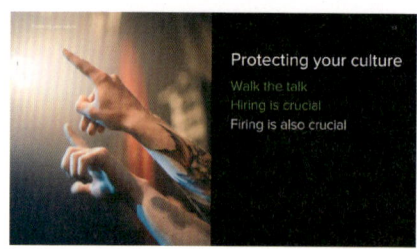

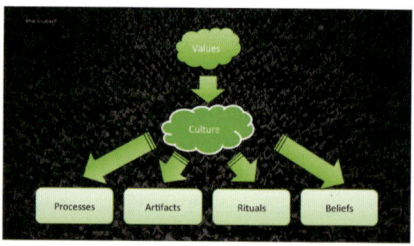

스포티파이의 컬쳐북, '강력한 엔지니어링 문화 구축하기(Building a strong engineering culture)'는 좋은 문화와 좋은 사업이 같지 않다는 점을 강조한다. 문화는 사람들이 눈치채지 못하게 하는 것이며 만약 비전이 가고자 하는 목표라면, 문화는 그곳에 도달할 수 있도록 해준다.

스포티파이의 컬쳐북은 두가지 특징을 가진다. 먼저, 한 눈에 알 수 있듯 브랜드 컬러를 매우 잘 활용했다. 스포티파이의 브랜드 컬러인 라임색은 검은색 배경에 대조되어 눈에 띄는 색상이다. 이런 색상은 그 자체가 브랜드의 이미지가 된다. 컬쳐북과 같은 콘텐츠를 제작할 때 라임색을 사용한다면 브랜드 이미지를 한 번 더 각인할 수 있다. 라임색이 특별한 색상일까 걱정하지 말고 컬쳐북의 강조점마다 브랜드 컬러를 아낌없이 칠해봐도 좋다. 통일감 있는 컬쳐북을 그려낼 수 있게 도와줄 것이다.

다음으로, 도식의 중요도이다. 컬쳐북을 제작하려고 마음먹으면 아무래도 형식이 다양하지 못하다는 점이 마음에 걸릴 수 있다. 사진과 글만있는 컬쳐북도 충분히 멋지지만 도식화해 잘 설명한 우리의 문화는 훨씬 직관적으로 와닿을 수 있다.

스포티파이의 컬쳐북은 브랜딩 컬러를 고집하는 것, 도식을 사용해 말하고자 하는 바를 표현하는 것의 중요성을 알려준다. 브랜딩 컬러는 있지만 잘 사용하지 않던 기업, 브랜딩 컬러가 존재하지 않는 기업이라면 컬쳐북을 제작하며 우리의 브랜딩 컬러를 한번 더 고민해보는 것도 앞으로 우리 기업의 콘텐츠 제작에 큰 힘을 실어줄 것이다. 물론, 콘텐츠를 제작할 때 도식을 활용해보는 것도 잊지 말자.

12 제뉴원사이언스

제뉴원사이언스

　제뉴원사이언스는 대표적인 합성의약품 CMO(위탁생산) 전문 기업이다. 합성의약품이란 단어가 생소하더라도 한미, 유한양행, 종근당, LG와 같은 기업이름은 들어보았을 것이다. 제뉴원사이언스는 방금 나열한 제약사 외에도 한국 제약사의 약 80% 이상을 주요 고객사로 보유하고 있다. 제뉴원사이언스는 인증된 생산 시스템과 고성능의 설비를 바탕으로 고객에게 효과적이고 안전한 고품질의 의약품을 제공한다.

제뉴원 컬처덱

우리는 왜 컬처덱을 만들었는가?

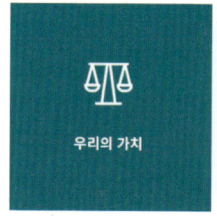

개인

회사

직장에서의 관계

제뉴원 사이드의 컬쳐북은 "우리는 어떤 기업이 될 것인가요?" "우리의 의사결정은 어떤 기준을 가지고 이루어져야 하나요?"의 질문에 대답하고 기업을 표현하기 위해 만들어졌다. 특히나 주목하면 좋을 것은 제뉴원 컬쳐북의 전체적인 짜임새다.

제뉴원 컬쳐북은 다음의 흐름으로 이루어져 있다.

1. 우리는 왜 컬쳐북을 만들었는가?
2. 제뉴원사이언스 8 리더십 원칙
3. 제뉴원에서 우리의 행동
4. 우리의 가치/개인/회사/직장에서의 관계의 적절한 모습

먼저 컬쳐를 기록한 문서의 필요성을 설명하며 구성원에게 인식과 공감을 만든 이후 기업의 원칙, 그에 따른 구성원의 바람직한 행동으로 이어지는 전개가 매우 자연스럽다.

컬쳐북을 작성할 때 그 구성을 고민하고 있다면 이러한 흐름을 참고하여 작성을 시작해보는 것도 좋은 방안이 될 것이다. 왜 컬쳐북이 필요한지 구성원의 인식과 공감을 만들고 그 후의 우리의 가치를 강조해보자. 공감이 되는 글은 구성원에게 요구하는 행동, 기업이 갖추어야 하는 자세에 적절성을 한 스푼 추가해줄 것이다.

13 티몬

티몬

　티몬의 로고는 어딘가 몬스터의 눈을 닮은 것 같다. 티몬은 '티켓몬스터'라는 이름으로 2010년 국내 최초의 소셜커머스를 시작했다. 이후 쇼핑에 대한 새로운 경험, 즐거운 경험을 추구하며 차별화된 쇼핑 플랫폼으로 혁신을 추구하고 있다. 티몬은 10분 어택, 만원의 행복, 단하루 특가 등의 서비스를 꾸준히 런칭하며 쇼핑에서의 티나는 고객 만족을 실현 중이다.

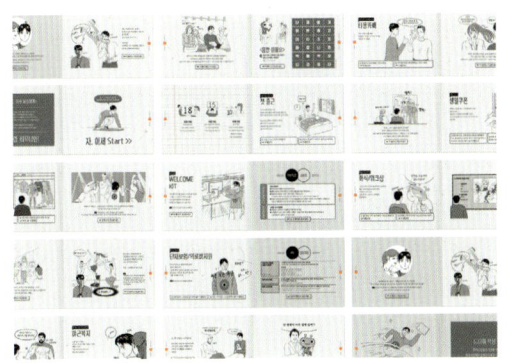 

티몬의 컬쳐북 '티몬 생활 게임북'은 티몬에서의 회사 생활에 대한 기본적인 정보를 만화의 형태로 보여주고 있다. 신규 입사자는 조직문화, 비즈니스 매너, 문서 작성법과 같은 기본적인 회사 매뉴얼 북을 게임북 컨셉을 통해 지루하지 않게 학습할 수 있다.

첫인상이 그 사람의 이미지를 담고 있는 것처럼, 회사에서 처음 만나는 가이드북은 '회사의 이미지'를 전달하게 된다. '티몬 생활 게임북'은 티몬의 기업 브랜드 아이덴티에 잘 어울리는 '유쾌한 경험'을 신규입사자에게 전달하는 것을 목적으로 만들어졌고 그 역할을 제대로 해냈다.

그렇게 화려한 일러스트가 아니어도 좋다. 회사에 처음 들어온 신입사원의 궁금증을 유쾌하게 해결해줄 수 있다면 약간은 투박한 B급 감성의 일러스트로도 충분히 회사의 목소리를 전달할 수 있다. 중요한 것은 전달력이다. 구성원이 컬쳐북을 지루하게 생각하지 않을 방법, 그 인사이트를 티몬 생활 게임북을 통해 배울 수 있다.

14 원티드랩

원티드랩

원티드랩은 선도적인 HR테크 기업이다. 즉, 채용, 커리어 콘텐츠, HR 솔루션, 프리랜서 매칭 등 다양한 서비스를 AI 매칭과 같이 차별된 기술과 데이터로 제공한다. '모두가 나답게 일하고 즐겁게 성장하는 것을 돕는다'는 미션 아래 작년 매출 503억, 영업이익 90억을 기록하며 역대 최대 실적을 기록했다.

DAY 1
원티드랩에 오신 것을 열렬히 환영합니다!

DAY 90
3개월간의 시간을 돌아보며 수습 피드백 주고받기

원티드랩은 자사 홈페이지를 통해 그들의 컬쳐와 일하는 방식을 알려준다. 특히 처음 스타트업에 입사하여 혼란스러울 수 있는 구성원을 배려한 파트가 돋보이는데, 해당 부분은 신생기업, 성장하는 기업과 같이 늘 인재를 필요로 하는 곳에서도 유용하게 사용할 수 있을 것이다.

원티드랩의 컬쳐를 녹여낸 페이지, '원티드랩 문화'에는 '원티드랩에 합류하고 처음 3개월 동안 겪는 일'이란 제목의 파트가 존재한다. 이 파트는 구성원이 처음 합류 후 겪게 될 일을 미리 소개하여 각 단계별로 잘 적응할 수 있도록 돕는 역할을 해준다. 신규 입사자가 가장 어리둥절한 Day 1~3까지는 오전과 오후 스케줄까지 구분된 자세한 일정이 기록되어 있다. Day 2의 오전 스케줄은 같은 시기에 입사한 분들과 함께 CEO 영상을 시청하며 온보딩 과정 중 가장 중요한 원티드웨이(Wanted Way)에 대해 학습한다고 안내하는 것이 그 예시다. 이후엔 한달까지의 플랜, Day 45날의 점검, Day 60날 피플팀과의 미팅, 그리고 마지막으로 Day 90일날 원티드랩에서의 3개월간을 돌아보며 수습 피드백을 주고받는 일정이 계획되어 있다.

원티드랩의 컬쳐 기록물은 신규입사자가 3개월간 겪을 회사 문화, 업무에 대한 친절한 안내와 함께 본격적인 회사 생활의 시작을 응원한다.

15 BGF 리테일

BGF 리테일

BGF리테일은 대한민국 최대 편의점 프랜차이즈 CU를 운영하는 종합유통서비스 기업으로, 편의점 체인화 사업과 물류사업에서 식품제조 및 유통 사업까지 다양한 분야에서 저력을 발휘하고 있다.

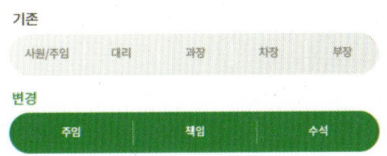

BGF의 성장 경로

BGF는 기존의 직급 체계를 5단계에서 3단계로 단순화하여 소통의 부담을 줄이면서도, 역량에 따른 위계를 두고 있습니다.

BGF리테일은 웹페이지를 통해 그들의 문화, 마음에 새기고 있는 철학과 가치관을 소개한다. 먼저, 잘 설명된 가치관이 눈에 띈다. 혹시 회사의 가치관이 너무 추상적으로 다가오거나 지나치게 도전적이기만 해서 나와는 상관없는 이야기라는 생각이 들었던 적이 있는가? BGF리테일은 각각의 가치관 아래에 구체적인 행동양식을 편한 어조로 기록하여 글을 읽는 구성원이 가치관을 받아들이기 쉽게끔 만들었다. '열정'이란 가치관 위에는 긍정적 에너지라는 설명을, 아래로는 '시작은 패기있게, 끝까지 끈기있게' '넘어지면 일어나면 된다' 등의 설명을 달아 BGF리테일이 말하는 열정이 무엇인지 그들의 언어로 알려준다. 기업의 변경 사항을 그들의 컬쳐와 연관지어 소개하는 점또한 인상적이다. 직급 체계가 기존 5가지에서 3가지로 변경된 것을 소통과 연관지어 말하며 기업이 추구하는 컬쳐를 직관적으로 소개해 주었다.

우리 컬쳐북엔 어떤 내용이 들어가면 좋을까? 가치관은 아마 필수사항일 것이다. 도전적인 가치관을 컬쳐북에 소개할 땐 구체적인 '우리 조직의 언어'로 풀어 설명하는 것이 효과적이다. 또한 회사의 변경 사항은 앞으로의 방향성을 소개하는 훌륭한 예시가 될 수 있다는 것을 기억하고 활용해보자. 친절하고 이해하기 쉬운 컬쳐북을 만드는 초등학생도 이해할 수 있는 쉬운 표현에서부터 시작할 수 있다.

16 알리콘

Alicorn

알리콘

    알리콘은 국내 최대 규모의 비즈니스 소셜 네트워크 '로켓펀치'와 분산 오피스 '집무실'을 운영하고 있다. 로켓펀치는 국내 최초로 시작된 스타트업 기업/채용 정보 서비스로, 이제는 한국 경제활동 인구의 7명 중 1명이 적어도 일년에 한 번은 이용하는 비즈니스 네트워킹 플랫폼이다. 알리콘의 분산 오피스 '집무실'은 분산 오피스를 선도하는 브랜드로, 24시간 365일 근사한 비즈니스 라운지를 집 근처에서 활용할 수 있도록 제공하고 있다.

(1) 공통 필독 자료

알리콘 구성원이라면 반드시 알아야 할 내용입니다.

1) 스타트업 정신 이해하기 - 폴 그레이엄 Y Combinator 창업자 에세이

[Paul Graham 에세이 (1)] 스타트업, 어떻게 시작해야 하나? (How to ...
Y Combinator의 창립자인 Paul Graham의 에세이를 번역한 글입니다 (원문보기)
2005년 3월 성공적인 스타트업을 만들기 위해서는 세 가지가 필요하다: 좋은 사람
https://www.venturesquare.net/2109

[Paul Graham 에세이 (2)] 스타트업에게 말해주고픈 13가지 (Startup...
2009년 2월 내가 스타트업들에게 항상 말해주는 것 중 하나는 Paul Buchheit 에게서 배운 원칙이다. "다수의 사람을 적당히 행복하게 해주는 것보다 소수의 사람
https://www.venturesquare.net/2190

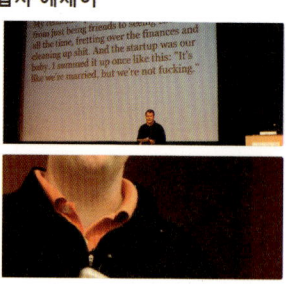

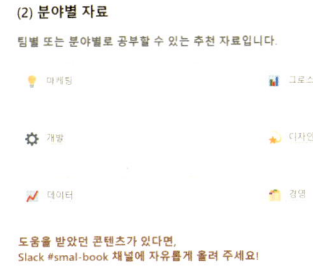

알리콘의 컬쳐북 '자습지'는 '자율 근무 습득서'의 준말이다. 왜 이런 이름이 붙였을까? 로켓펀치와 엔스파이어의 합병으로 탄생한 '알리콘'은 2021년 구성원이 두 배로 늘었다. 또 온 오프라인 서비스를 함께 제공하는 사업 특성 상, 사무실로 출근하는 사람, 원격으로 일하는 사람 등 직군별로 다양한 업무 형태가 공존하기 시작했다. 이 때문에 조직 문화를 제대로 정의할 필요가 생겼고, '자습지'가 탄생한 것이다.

자습지의 내용 중 가장 눈에 띄는 것은 필독 자료 파트이다. 먼저, 공통 필독 자료와 분야별 자료를 구별하여 각 구성원이 필요한 자료를 바로 습득할 수 있도록 편의성을 높인 것이 눈에 띈다. 특히 클릭 한번으로 자료를 다운받을 수 있게 한 방식은 구성원의 편의성을 높여준다. 다음으로 디자인 측면이다. 알리콘은 이미지나 일러스트 대신 이모티콘을 활용했다. 이모티콘은 힙(hip)하다. 많은 스타트업들이 그들의 컬쳐북에 이모티콘을 활용하는데, 적은 비용과 수고로 소위 말하는 '트렌드를 잘 아는 기업' 분위기를 만드는 방법이 이모티콘이기 때문이다.

기업마다 구성원이 꼭 확인했으면 하는 자료가 있을 것이다. 자료를 조직 내에서 비밀스레 공유하는 대신 컬쳐북에 대놓고 적기를 바란다. 현재 구성원들에게 도움이 될 뿐 아니라 예비 입사자들이 우리 회사와의 Fit을 점검할 수 있게 해준다. 여기에 이모티콘까지 함께 있으면 금상첨화다. 자료와 정보를 활용도 있게 공유하고 이모티콘을 활용한 컬쳐북을 만들어 보면 어떨까?

17 SKT

SKT

SKT는 대한민국에서 가장 큰 통신사 중 하나로, 이동통신, 인터넷, 인공지능, 빅데이터 등 첨단 기술과 서비스를 제공하는 기업이다. 현재는 5G 시대를 선도하며, 다양한 분야에서 혁신적인 기술과 서비스를 개발하고 있다. 이러한 노력의 결과로 5G시대에도 가입자수 1위의 자리를 지키며 고객을 위한 도전을 이어 나가는 중이다.

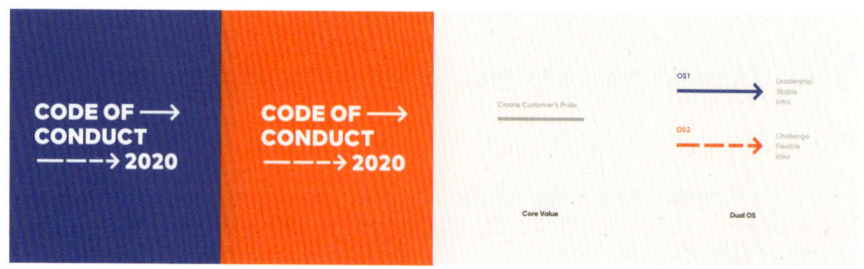

SKT의 컬쳐를 녹여낸 기록물, 'Code of Conduct'를 살펴보자. Code of Conduct는 SKT 구성원이 행동할 때 함께 공유하는 가치이자 기준이 되는 방식을 의미한다. SKT의 컬쳐북은 이해하기 쉽도록 문장으로 만들어졌으며 구성원들에게 더 잘 알리기 위한 디자인적 요소를 더했다.

먼저, 'Code of Conduct'라는 텍스트를 로고로 제작해 다소 생소할 수 있는 단어를 자연스럽고 익숙하게 느낄 수 있도록 만들었다. 이 비주얼은 컬쳐북 전반에 걸쳐 지속적으로 노출된다. 다음으로, 화살표를 모티브로 사용했다. 이것은 고객의 자부심을 만들어 나가는 구성원의 마음가짐과 계속해서 변화하고 도전해 나가겠다는 SKT의 의지를 표현한다. 화살표는 SK텔레콤의 두 사업영역인 '이동통신'과 '성장사업'을 의미하며, 각 화살표는 '리더십', '안정성', '인프라'를 상징하는 견고한 실선과 '도전', '유연성', '아이디어'를 상징하는 점선으로 구분하여 디테일과 위트를 더하고 있다.

SKT의 'Code of Conduct'은 로고와 모티브의 중요성을 알려준다. 컬쳐북의 제목을 정했는가? 그렇다면 이제 로고를 만들 차례이다. 제목과 로고는 다르다. 제목이 날 것 그 자체의 텍스트라면 로고는 거기에 우리 기업이 추구하는 모티브를 가미하여 로고 자체로 하나의 이미지를 완성할 수 있도록 도와준다. 잘 만든 컬쳐북 로고는 그 자체로 하나의 브랜드가 되어줄 것이다.

18 한국 시니어 연구소

한국 시니어 연구소

한국시니어연구소는 우리 가족 모두가 평생행복을 추구할 수 있도록 연구하는 곳이다. 노인분들을 대상으로 한 방문요양센터와 직영 요양기관을 더욱 효율적으로 고도화할 수 있는 기술개발을 통해 고객의 행복과 편안함을 추구하며, 노인복지 분야에서 선도적인 위치를 유지하고 있다.

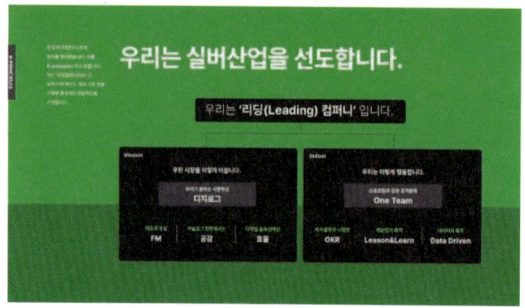

한국 시니어 연구소의 컬쳐북은 직원들이 회사의 가치와 원칙을 공감할 수 있도록 하는 것이 중요하다는 맥락 하에 만들어졌다. 이 문서는 약 49페이지 분량으로 이루어져 있으며, 이를 기반으로 현재까지 팀원들의 입사 시 온보딩 과정에서 활용하고 지속적으로 개정해 나가고 있는 중이다.

한국 시니어 연구소 컬쳐북의 특징은 이미지를 거의 사용하지 않았다는 점이다. 데코레이션보다는 메시지의 정확한 전달에 초점을 두고있다. 이처럼 부가요소를 쏙 뺀 명료한 컬쳐북을 만드는 것은 결국 글로 적힌 내용과 그 색상만으로 승부를 본다는 뜻이다. 폰트, 행간, 자간, 색상표를 명확히 정하여야 완성도 있는 결과물을 얻을 수 있다. 한국시니어연구소는 초록과 검정을 테마색상으로 설정하고 두 색상의 채도를 변경하는 범위 내에서만 색상을 활용하고 있다.

만약 컬쳐북의 볼륨, 즉 페이지 양이 생각보다 많다면 구성원이 지금 어느 부분을 읽고 있는지 놓칠 수 있다. 한국시니어연구소는 컬쳐북 좌측에 카테고리를 적을 수 있는 칸을 배치하여 독자가 자신이 읽고 있는 페이지가 어느 카테고리에 포함되어 있는지 즉각적으로 파악할 수 있게 했다.

우리의 컬쳐북 두께는 어느 정도인가? 그 두께가 상당하다면, 이미지를 다수 삽입하는 것은 경우에 따라 부담스러울 수도 있다. 간결한 내용으로 구성하되 색상표를 정해 통일감을 주자. 현재 읽는 페이지가 어떤 카테고리에 속하는 지 인덱스를 표시해주면 독자들의 이해에 더 큰 도움이 될 것이다. 한국시니어연구소의 컬쳐북은 이미지를 줄이고 메세지에 집중한 컬쳐북의 좋은 레퍼런스가 되어줄 것이다.

19 삼성증권

삼성증권

　삼성증권은 대한민국을 대표하는 종합 금융 투자회사이며 투자를 통해 고객의 더 나은 삶에 기여하고 고객과 함께 성장하겠다는 미션을 갖고 있다. 여기엔 '투자'라는 증권업의 본질이 담겨있다. 단순히 좋은 수익률이 아니라 고객의 더 나은 삶에 기여하며 고객과 함께 성장하겠다는 의지를 담은 것이다. 이러한 미션을 바탕으로 삼성증권은 28개 국내지점과 5개의 해외거점을 운영하며 글로벌 시장에서의 투자기회를 제공 중이다.

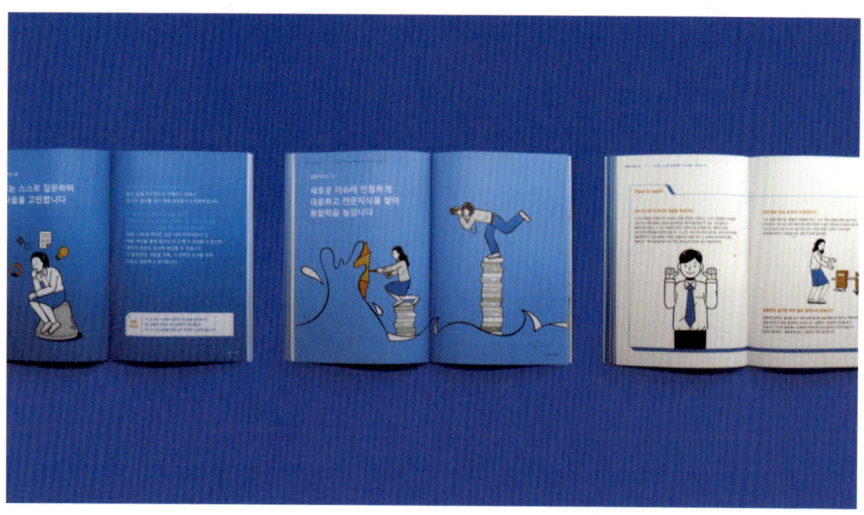

March of the Culture Book

    삼성증권의 조직문화는 '7 Principles'으로 명명된 책 한 권에 담겨 있다. 삼성증권에게 조직문화는 기업의 성장과 직원의 행복을 연결하는 열쇠이다. 행복한 조직문화를 만들기 위해 최대한 많은 구성원들의 목소리를 경청하여 의견을 모았고, 삼성증권의 업무 중 선택과 행동의 기준이 될 7 Principles가 세상에 탄생했다. 이처럼 7 Principles는 규칙과 지침이 아닌 업무 수행의 레시피이자 일을 잘 해낼 수 있도록 돕는 가이드북이다. 삼성의 브랜드 컬러가 무엇인지 모르는 분은 아마 대한민국에 없을 것이다. 7 principle은 경쾌한 푸른색과 직관적인 일러스트레이션 디자인을 통해 독자들이 쉽고 재미있게 읽을 수 있는 컬쳐북을 제작했다.

    우리 기업의 컬쳐북 제작과정에서 일차적으로 고려해야할 것은 메시지를 전달할 톤이다. 삼성증권의 '7 Principles'는 경쾌한 톤으로 제작 방향을 설정했고 그에 맞춰 '중간 밝기의 파란색' 과 상황에 맞는 170여가지의 일러스트를 활용해 독자가 부담없이 읽을 수 있는 가이드북을 완성했다. 컬쳐북은 우리 조직의 목소리를 담은 책이지만, 기업이 말하고자 하는 목소리에 중점을 둘 수도 있고, 구성원들이 메시지를 잘 이해하게 만드는데 중점을 둘 수도 있다. 두가지 방법 중 틀린 것은 없다. 후자를 원하는 기업의 컬쳐북이라면 경쾌한 컬러와 상황에 맞는 다양한 크기의 일러스트를 활용한 삼성증권의 '7 Principles'가 좋은 레퍼런스가 될 것이다.

20 클래스101

CLASS101

클래스101

클래스101은 연필 드로잉부터 스마트 스토어 창업 방법까지, 거의 세상에 존재하는 모든 클래스를 담은 온라인 플랫폼이다. 13만 명의 크리에이터, 누적 오픈 클래스 약 4,000개, 클래스 만족도 평균 98%, 클래스101은 모든 사람들이 자신의 새로운 세상을 경험할 수 있게 해주며 크리에이터 업계 내에서 선도적인 지위를 공고히 하고 있다.

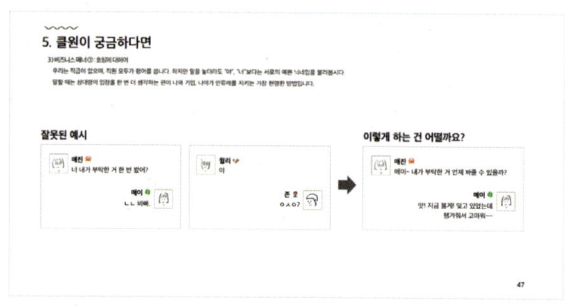

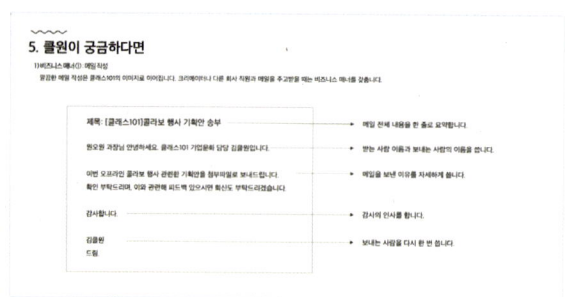

클래스101의 컬쳐북 이름은 '클원호 탑승 안내서'이다. 이유는 클래스101의 철학이 '한 배를 타고 에베레스트로 향한다'이기 때문이다. 모두 64페이지로 구성된 이 컬쳐가이드북은 신입사원이 입사 두 시간 안에 실무에 적응할수록 돕는다는 목적으로 제작되었다.

이와 같은 구체적인 목적이 클원호 탑승 안내서만의 특징을 만들어준다. 먼저, 이 문서에는 어려운 문장이 없다. '사용합니다'라는 말 대신 '씁니다'를 사용하는 것이 그 예이다. 어려운 용어는 구어체로 바꾸어 사용했고, 부정적인 서술이나 행동을 제한하는 부사는 아예 쓰지 않을 정도로 문장의 톤에 많은 신경을 썼다. 다음으로, 구체적인 예시를 적극적으로 사용한다. 즉, 사회초년생이 헷갈릴 수 있는 호칭 문제를 클래스101의 실제 메신저 사례를 통해 설명하여 새로 입사한 직원이 업무에 금방 적응할 수 있도록 돕는다. 마지막으로, 그림과 사진, 도형을 곳곳에서 사용하며 독자가 한눈에 이해할 수 있는 가독성 좋은 메시지를 완성했다.

신입사원들을 빠르게 적응시키는 것이 시급한 기업이라면, 클래스101의 클원호 탑승 안내서는 유용한 참고자료가 될 것이다. 어려운 용어보단 우리가 정말 쓰는 쉬운 용어를 쓰는 것, 실제 사례를 직접 활용하는 것, 그림을 넣어 가독성을 높이고 내용도 쉽게 만드는 것. 이 세 가지 팁을 통해 신입사원이 이해하기 쉬운 컬쳐북을 구성할 수 있다.

21 하이브

HYBE

하이브

　하이브(HYBE)는 방탄소년단이라는 최고의 아티스트를 가졌을 뿐 아니라 기업 자체로도 활발한 행보를 보이며 그 존재감을 드러내고 있다. "We believe in music"이라는 미션 아래 음악 산업의 비즈니스 모델을 혁신하는 중이며, 음악에 기반하여 글로벌 트렌드를 이끄는 '콘텐츠'와 우리의 고객인 '팬'을 최우선 가치로 두고 높은 기준과 끊임없는 개선으로 고객을 만족시키도록 노력하고 있다.

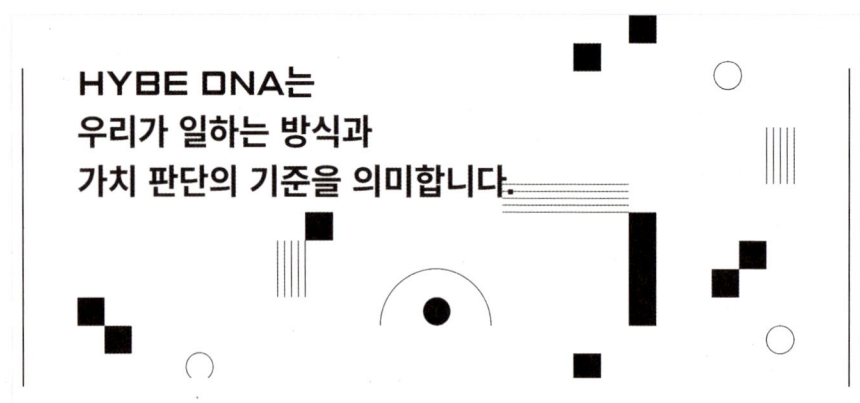

> **신뢰**
> ## 우리가 서로를 바라보는 태도
>
> 우리는 함께 성공한다는 믿음, 즉 **'Win Together 마인드'**로 일합니다.
> 회사의 미션과 비전을 진정으로 이해하고 공감하며, 공동 목표 달성을 위해 **'조건 없이 협력'**합니다.
> 협업 과정에서 필연적으로 발생하는 건강한 갈등을 장려하고, 용감하고 과감한 논의로 생산적인 결론을 이끌어 냅니다.

하이브는 웹페이지상에서 공개된 'HYBE DNA'를 통해 기업이 일하는 방식과 가치 판단의 기준을 말해준다. 하이브는 그들의 컬쳐를 표현할 때 색상을 모두 뺀 무채색의 디자인을 사용했다. 하이브의 브랜드 컬러가 검정색일까? 아니다, 하이브의 브랜드 컬러는 노란색이다. 하이브는 브랜드 컬러를 사용하는 대신 검정색의 명도만을 조절해 군더더기 없는 깔끔한 인상을 주고 있다. 이건 하이브가 지향하는 것이 프로페셔널한 엔터테인먼트 기업이기 때문이라고 생각한다.

다음으로, 하이브가 가치를 표현하고 있는 방식을 살펴보자. Bold 처리된 글씨가 가장 먼저 눈에 들어온다. '우리가 서로를 바라보는 태도' 하이브의 조직문화에 대한 질문이라 할 수 있다. 그 대답은 위쪽에 간략히 표현된다. '신뢰'. Bold 처리된 타이틀 밑으로 신뢰에 대한 설명이 이어진다. 이처럼 하이브는 독자의 시선 방향을 다양하게 변모시키면서 기억에 남는 메시지를 완성하고 있다.

만약 우리 기업이 업계에서 더 프로페셔널한 위치로 자리잡길 원한다면 무채색을 사용하여 모던한 인상을 줄 수 있다. 같은 맥락으로, 독자의 시선을 움직이게 하고 한번 더 생각하게 만드는 하이브의 방식을 이용해 세련된 매력을 얻는 것도 방법이 될 수 있다. 우리 기업의 이미지는 어떠한가? 또, 어떻게 바꾸고 싶은가? 그래서 우리는 어떻게 표현할 것인가? 이 질문들에 답을 해보자.

22 Grammarly

Grammarly

　Grammarly는 탁월한 번역 서비스로 업계에서 공고한 위치를 다진 기업이다. 비영어권 일반인이 영어로 작문을 하는 일은 쉽지 않다. 한글로 글을 적은 후 번역 프로그램을 돌려도 부자연스러운 문장이 이리저리 짜집힌 글이 나올 때가 있다. Grammarly는 사람들이 언제 어디서나 영어로 글을 쓸 수 있도록 영어 문장을 자연스럽고 매끄럽게 수정해준다. Grammarly는 매일 전 세계 3천만 명이 넘는 사람들과 50,000개 이상의 팀에서 사용되고 있으며 그들이 진정으로 말하고 싶은 것을 말할 수 있게 돕고 있다.

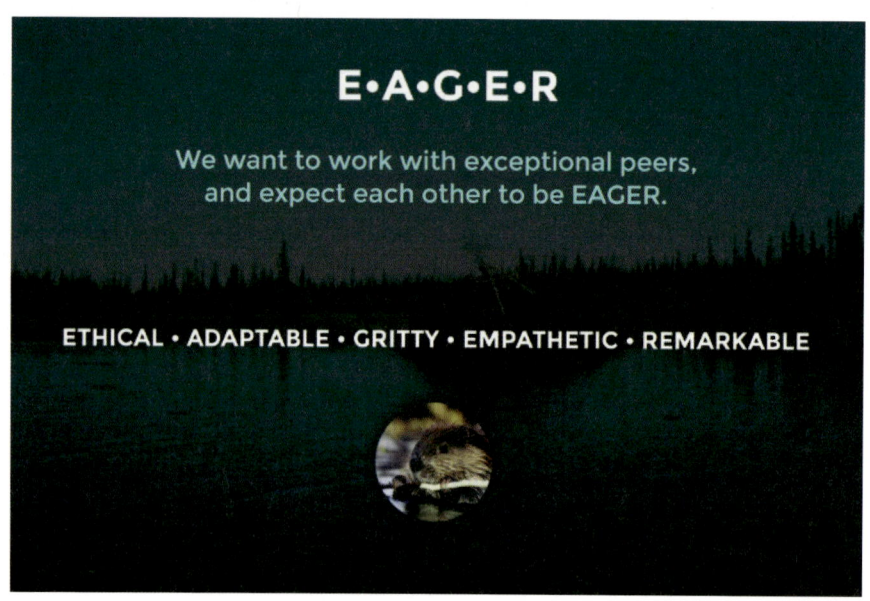

March of the Culture Book

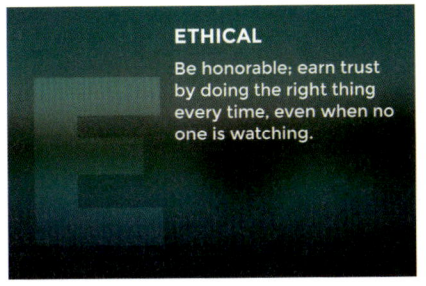
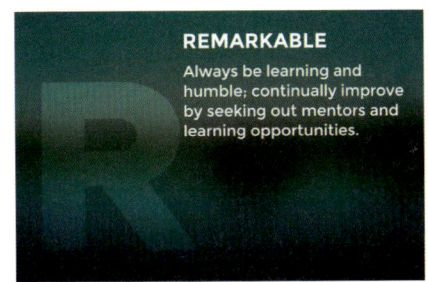

　Grammarly의 컬쳐북 제목은 'THE GRAMMARLY WAY'이다. 한글로 직역하면 'Grammarly의 방식'이 된다. Grammarly의 모든 것은 다섯 가지 가치에서 시작된다. 윤리적, 적응성, 투지, 공감, 놀라운 것이 그 가치이며 단어들의 첫 글자를 딴 EAGER을 일종의 슬로건으로 사용하고 있다.

　이 다섯 글자의 슬로건은 컬쳐북 내에서 존재감을 톡톡히 드러낸다. 그 흐름을 한 번 살펴보자. 먼저, 첫 슬라이드에서 슬로건이 무엇인지, 또 그 의미를 알려준다. 이제 독자는 Grammarly와 통성명을 한 셈이다. 다음 슬라이드부터는 각 글자들이 의미하는 바를 하나씩 설명해준다. E부터 R까지 다섯 슬라이드로 구성원에게 원하는 부분과 우리 회사가 제공하는 것을 전달하는 것이다.

　우리 기업은 어떤 가치를 갖고 있는가? 여러 가지 가치들이 혼재해 혼란스러웠다면, 컬쳐북을 제작하며 기업이 가진 가치들을 정리 정돈할 수 있다. 가치를 나열한 후 앞글자, 혹은 공통점을 뽑아내보자. 한글이나 영어 중 어느 것을 사용할지는 기업의 성격에 달려있다. 글자를 뽑아냈는가? 뽑아낸 단어는 컬쳐북의 제목이 될 수도 있고, 컬쳐북 목차에 녹여낼 수도 있다. 간단한 정렬 스킬로 메시지를 알기 쉽게 전달해 볼 수 있겠다.

23 IBM

IBM

    IBM은 International Business Machine란 의미를 가진다. 쉬운 단어로 구성되어있지만 이것만큼 IBM의 속성을 잘 대변해주는 것이 없다. '국제적 비즈니스를 돕는 기구' 그 이름에서부터 IBM의 자부심이 뚝뚝 묻어온다. 회사명부터 국제적이라 명명한만큼 IBM은 B2B(Business to Business)기업이다. 업계 최고 수준의 컴퓨터 기술력을 가지고 있으며 지난 10년간 단 한번도 특허 출원에서 전세계 1위를 놓친 적 없는 특허 공룡이기도 하다.

What does it take to build a great company?

A company that aims high—so high that it changes the way people understand business itself. That charts a progressive course—not just for business, but for society at large.

Dear IBMer:

As we near the closing weeks of 2003, I know that we are all working hard to finish the year strong. We are executing against our business plans and remaining focused on the needs of our clients. We are doing all the things we must do in times of great change, challenge and opportunity.

IBM's most important invention was "the IBMer."

IBM의 컬쳐북, our values at work는 첫 페이지부터 하나의 질문으로 시작한다. What does it take to build a great company? 즉, 좋은 회사를 만드는 것은 무엇인가에 대한 질문이다. 이후 글은 질문에 대한 답변으로 구성된다. 높은 목표를 가지라 권하며 그런 목표가 자신의 비즈니스를 이해하는 방식을 완전히 바꿔준다고 말한다.

IBM 컬쳐북의 또 다른 특징은 '벅차 오르게 하는' 문구이다. IBM은 그들의 구성원을 IBMer이라 칭하며 그들에게 편지를 쓰는 듯한 어투로 글을 전개한다. "올해의 마지막 주에 가까워지면서, 우리 모두가 한 해를 힘차게 마무리하기 위해 열심히 일하는 것을 잘 알고 있습니다. "올해 우리가 해왔던 일들, 그리고 앞으로 할 일들이 IBM의 장기적인 발전에 가장 큰 기여를 했다고 생각합니다." "IBM의 가치를 확립하기 위한 우리의 노력은 성공적으로 출발했습니다. 네, 수천 명의 여러분이 참여했던 그 노력입니다." 구성원의 노력을 인지하고 있고 인정하고 있다 공식적으로 말해주는 것이다. 글의 마지막은 IBM의 가장 큰 발명은 IBMer 당신이라고 말해주며 구성원을 벅차 오르게 만든다.

우리 회사의 문화는 구성원을 벅차 오르게 하는가? 그렇다면, 주저하지 말고 컬쳐북에 담아보자. 공식적으로 구성원의 노력을 인정해준 적 없었다면 이번 기회에 구성원의 노력에 감사하는 멘트를 컬쳐북에 담아도 좋다. 결국, 컬쳐북의 제 1독자는 조직 내부 사람들이기 때문이다. 그들이 컬쳐북의 첫장에서 벅차 올랐다면 이미 절반의 성공을 거둔 것이나 다름없다.

24 현대산업개발

HDC 현대산업개발

현대산업개발

　현대산업개발은 종합 금융 부동산 기업이다. 주택부터 인프라 시설, 그리고 예술적인 건축물까지 건축 전체를 아우르며 공간과 콘텐츠를 연결하고, 공간에 새로운 가치를 창출한다. 현대 산업 개발의 미션은 '우리는 풍요로운 삶과 신뢰할 수 있는 세상을 만드는 것이며 이를 적극 실천하여 고객의 행복과 사회의 발전을 이루어 갑니다."이며 고객과 기업, 그리고 사회 모두의 더 나은 미래를 위해 과감한 도전을 멈추지 않는 기업이 바로 현대산업개발이다.

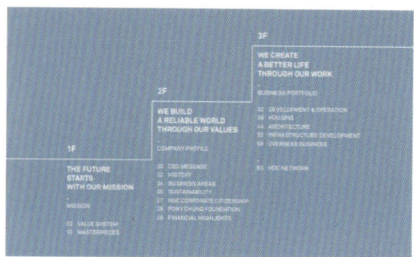

March of the Culture Book

현대산업개발의 컬쳐는 'WHAT MAKES YOUR FUTURE BETTER'에 담겨있다. 이 브로슈어에서 가장 먼저 느껴지는 건 기업의 자부심이다. 대한민국 굴지의 대기업이니까 당연한 것 아니냐 반문할 수 있다. 그러나 조금 더 살펴보면 이 기록물이 말하고 싶은 건 우리가 지은 것들이 얼마나 멋있고, 세상을 변화시키는지에 대해 묻고 있다는 것을 알 수 있다.

먼저, 목차부터 특별하다. 첫째, 둘째, 셋째가 아닌 1층, 2층 3층으로 구성되어 현대산업개발이 무엇을 하는 회사인지를 알려준다. 목차를 따라 3층으로 올라가면, 'WE CREATE A BETTER LIFE THROUGH OUR WORK' 란 위풍당당한 제목이 눈에 띈다. 비즈니스 포트폴리오를 한 챕터 전체에 기록 할 만큼 현대산업개발은 결과물에 자신감을 표현하고 있다.

우리는 어떤 결과물을 만드는 기업인가? 자신이 만들어내는 결과물에 확신과 애정이 없는 기업이라면 그곳에서 일하고 싶어하는 직원은 없을 것이다. 우리의 결과물에 자부심을 갖고 컬쳐북에 녹여내보자. 현대산업개발처럼 한 챕터를 전부 사용해도 괜찮고, 우리 업계의 특징을 목차에 녹여내도 좋다. 기업이 좋은 결과를 낸 걸 많은 구성원들이 알게 될수록 소속감과 애사심이 커진다. 스스로에게 한 번 더 질문해보자. 우리는 어떤 멋진 결과물을 만들어 냈는가?

25 룰루레몬

룰루레몬

룰루레몬은 운동복 계의 샤넬이라 불리는 기업이다. 언제 어디서나 편안함이 필요할 때 입을 수 있는 데일리웨어를 지향하며 그 중에서도 특히 요가에서 영감을 받은 프리미엄 기능성 스포츠웨어에 강점을 가지고 있다. 룰루레몬은 오프라인 매장 내 스튜디오에서 요가 수업과 식단 짜는 법, 명상 및 호흡법 등의 체험 클래스를 무료로 진행하며 고급스러운 라이프웨어 브랜딩을 공고히 하고 있다.

March of the **Culture Book**

룰루레몬의 컬쳐북 첫 페이지는 CEO의 편지로 시작한다. 굵게 적힌 'Calvin으로부터 온 메시지' 란 타이틀 아래로 룰루레몬은 구성원 서로에게 최고의 모습을 보여주고 정직함과 성실함을 갖고 행동하는 조직 문화를 추구함을 알려준다. 첫 장부터 대표의 메세지로 시작하는 것을 보면 가치 경영을 지향하는 기업이라는 것을 알 수 있다.

경영자의 편지를 통해 경영자가 생각하는 이상적인 조직문화는 무엇이고 그 이유는 무엇인지 설명하면 잊고있던 구성원에게도 한 번 더 리마인드 할 수 있는 기회가 될 것이다.

룰루레몬의 컬쳐북은 사진이 적다. 룰루레몬이 스포츠 의류 제작 회사라는 걸 생각하면 조금 의아할 수도 있다. 그대신, 한 번 사진을 사용할 때 과감하게 사용한다. 밝은 표정의 인물 사진을 페이지 전면에 꽉차게 배치한 후 우리의 가치에 관한 글을 흰색으로 적어 강조해준다.

룰루레몬의 사례는 늘 고민되는 컬쳐북 첫 페이지에 대한 인사이트를 제공해준다. 구성원들에게 하고 싶은 말이 많은 경영자라면 그 말의 핵심만을 담아 쓴 편지로 우리 기업 컬쳐북의 첫 페이지를 제작할 수 있을 것이다. 만약 사진을 사용한다면 인물이 크게 강조된 사진, 그것도 환하게 웃고 있는 사진을 활용해 기업 문화에 대한 긍정적인 인상을 남길 수 있다.

26 깃허브

깃허브

깃허브는 무료 GIT저장소를 제공하는 기업이다. 여기서 같이 개발해요 (Let's build from here, together.) 라는 슬로건 아래 프로그램 소스코드를 저장하도록 하고 개발자가 사용하는 서비스를 운영하고 있다. 오픈 소스 프로젝트라면 뭐든 올릴 수 있는 자율성을 갖고 있으며 현재 사용자는 4,000만명 이상에 4,400만 개가 넘는 신규 저장소를 보유중이다.

March of the Culture Book

깃허브의 컬쳐북은 HOW GITHUB WORKS, 즉 깃허브는 어떻게 일하는가 라는 단순하지만 명료한 제목으로 시작한다. 깃허브의 컬쳐북이 특이한 점은 그들이 소통하는 방식을 비대면과 대면으로 나누어 소개하고 있단 점이다.

기업은 각자 다양한 방식으로 소통한다. 그렇기에 신입사원의 경우 우리 조직이 어떻게 소통하는 지 전체 프로세스를 알아채기 쉽지 않다. 어쩌면 조직 내 소통 부족에 갈증을 느끼며 우리 회사에서 소통을 증진하기 위한 프로그램이 있는지 궁금해할 수도 있다. 깃허브는 그런 사원을 위해 대면 접촉을 최소화 하며 소통하는 방법을 컬쳐북에 소개한다. 채팅, 페이스타임, 혹은 녹화된 화면에서 채팅하는 식의 방법들과 함께 깃허브에서 실제로 사용한 사례들이 사진으로 첨부되어 있어 독자의 이해를 돕는다.

구성원간 결합을 돈독히 하기 위한 방법도 소개하는데, 워크숍을 진행한 구성원들의 단체사진은 깃허브가 적절한 조직문화를 구축하는데 관심이 많은 기업임을 다시금 알려준다.

우리 기업의 소통 방식은 어떠한가? 우리가 사용하는 채팅 앱, 혹은 사내 커뮤니케이션 툴 모두가 컬쳐북에 소개될 수 있다. 어떤 매체를 통해 소통하며 그 이유는 무엇인지 알려주자. 만약 조직문화를 강화하는 이벤트가 있다면 그것이 우리 조직의 어떤 컬쳐와 맞닿아 있는지를 컬쳐북 내에 녹여내면 좋다. 깃허브의 컬쳐북을 통해 조직 내 소통을 알리는 방식에 대한 인사이트를 얻을 수 있다.

27 페이스북

페이스북

메타의 대표적인 서비스이자 최고의 서비스는 페이스북이다. 페이스북을 사용해보지 않았더라도 현대사회를 살아가며 그 영향력을 모르기는 쉽지 않다. 그만큼 페이스북은 세계의 소통방식 자체를 변화시켰다. 페이스북은 인터넷 사용자들 가운데 가장 많이 이용되는 소셜 네트워크 서비스이며 매달 1억 3890만 명의 새로운 방문자들이 그들의 계정을 만들고 있다.

March of the Culture Book

2012년 말, 페이스북이 10억 명의 사용자에 도달했을 때, 페이스북 직원들의 책상 위에 작은 빨간 책 한 권이 놓여져 있었다. 페이스북의 역사와 핵심가치, 그리고 업무에 영감을 주는 인용구로 가득 찬 이 책의 제목은 'little red book' 이다. 페이스북이 성장함에 따라, 신입사원들에게 회사의 사명과 역사, 문화를 설명하는 일에 어려움을 겪었다. 물론 기존에 기업 내에서 이상적인 조직 문화 형태에 대한 토론이 계속 이루어졌지만 신입 사원들에게 그 정보를 일일히 알려주기란 쉽지 않았다. 페이스북은 이러한 많은 이야기와 아이디어를 한 곳에 모아 모든 직원들에게 전달하고자 했고, 그래서 탄생한 것이 페이스북의 컬쳐북이다.

이 책의 가장 큰 특징은 조직 문화의 핵심 가치 뿐 아니라 핵심가치를 기반으로 구성원들에게 깊은 인상을 남기는 명언들이 있다는 점이다.

"사람들이 어떻게 소통하는지 바꾸는 것은, 세계를 바꿉니다," 라는 문구와 그 아래로 중세에서 근대로의 지식 혁명을 일으킨 구텐베르크의 금속활자 인쇄기가 그려져 있다. 이 책을 펼친 페이스북 구성원은 곧 그들의 업무가 21세기의 소통 혁명을 일으키고 있다는 사실을 깨닫게 될 것이다. 그런 깨달음은 곧 업무에서의 자부심과 보람으로 이어진다.

각자의 기업은 어떤 종류든 세상을 변화시키고 싶은 방향이 있을 것이다. 우리 기업은 세상을 어떻게 변화시키고 싶은 지 컬쳐북을 통해 구성원에게 알려주자. 페이스북의 사례에서 볼 수 있듯, 기업의 가치를 녹여낸 강렬한 인용구와 명언은 구성원이 자신의 업무에 자부심을 가지고 지속해서 영감을 받을 수 있도록 격려해준다.

28 Patreon

Patreon

Patreon은 창작자 크라우드 펀딩 사이트이며 콘텐츠 창작자들이 정기적이거나 일시적인 후원을 받고 그 값에 할당하는 혜택을 지불하는 서비스가 주요 사업이다. 25만 명 이상의 크리에이터들이 이곳에서 활동하고 Patreon은 멤버십 비즈니스를 통해 콘텐츠 크리에이터와 팬 커뮤니티가 더욱 깊이 있게 소통할 수 있도록 도와준다.

Patreon의 컬쳐북은 두 가지 미션을 말해준다. 새롭게 부상하는 창의적인 사업에 자금을 지원하는 것과 팀원들이 만족스러운 삶을 구축할 수 있는 회사 만들기가 그것이다.

이러한 미션을 보다 잘 나타내주기 위해

1. Put creators first
2. Be an energy giver
3. Be candid, always
4. Move fast as hell
5. Seek learning
6. Respect team member's time
7. Just fit it

7가지 챕터로 나누어 그들의 미션과 조직 문화를 보충 설명한다.

흥미로운 점은 Patreon이 하나의 챕터가 끝날 때마다 숫자나 목차를 표시하기보단 다양한 색상으로 각 챕터를 구분했다는 점이다. 이러한 디자인은 독자들이 직관적으로 다음 챕터로 바뀌었다는 걸 인식하게 만든다. 또한, 색상 자체가 다양하기 때문에 이미지가 없더라도 허전하다는 생각이 들지 않는다. 실제로 Patreon의 컬쳐북엔 이미지가 없다. 그럼에도 줄글만 있어서 부담스럽고 답답하다는 인상은 전혀 들지 않는다. 각 챕터별 경쾌한 테마 색상을 사용해 독자의 시각적인 욕구를 충분히 채워주기 때문이다.

Patreon의 컬쳐북은 다양한 색상만으로도 풍성한 이미지를 주는 기록물을 완성할 수 있다는 점을 알려준다. 다만, Patreon의 컬쳐북이 굉장히 밝은 이미지의 색상들만 사용했다는 점을 기억해야 한다. 다양한 색상을 사용하더라도 그 채도가 낮거나 명도가 지나치게 진하면 무거운 분위기를 줄 수 있다. 간단하고 밝은 이미지의 컬쳐북을 제작하고자 할 때, Patreon의 컬쳐북은 좋은 레퍼런스가 되어줄 것이다.

29 위메프

위메프

위메프

위메프는 대한민국의 이커머스 기업이다. 위메프특가, 위메프페이, 위메프공연티켓 등 다양한 서비스를 운영하고 있으며 최근에는 소셜 커머스를 넘어 메타 쇼핑 플랫폼으로의 변화를 준비중이다. 23만개 쇼핑몰의 상품 데이터 7억개를 자체 인공지능 기술로 분석해 이전보다 세분화된 쇼핑 데이터를 제공하는 것이 핵심이다. 이를 통해 큐레이션 분야에서 경쟁력을 유지하고, 이용자에게 최적의 쇼핑 환경을 제공한다.

위메프는 그들의 컬쳐를 100% 재생 펄프를 사용한 친환경 리플렛에 녹여냈다. 벌써 그들의 컬쳐가 보이는 듯하다. 백마디 말보다 한 번의 행동이 낫듯 친환경 리플렛은 위메프의 ESG문화가 단지 말로만 하는 게 아니라 실제로 실천하는 행동임을 알려준다. 내지를 보면 신규입사자를 환영하는 따뜻한 인사가 적혀있고 그 뒤론 위메프의 핵심가치와 회사생활에 유용한 정보를 담아냈다. 특별한 점은 오피스 매뉴얼과 복지제도 등에 대한 상세 정보는 스마트폰 QR코드를 통해 확인할 수 있도록 제공했다는 점이다.

위메프는 리플릿 형식으로 컬쳐 기록물을 만들었기에 분량의 제한이 있을 수 밖에 없다. 해당 부분을 QR코드를 통해 센스있게 풀어내며 오프라인과 온라인 모두에서 즐길 수 있는 기록물이 만들어졌다. 리플렛의 또 하나의 재미 요소는 업무 시 활용 가능한 상태표시 카드이다. 회의중, 열일중, 외근중, 휴가중의 4가지 상태표시는 리플렛의 절취선을 넣어 쉽게 뜯어 사용할 수 있도록 했다.

위메프의 컬쳐 기록물은 뻔하지 않은 컬쳐북을 만들기 위한 인사이트를 제공해준다. 제작 과정 중 용지 선정에서부터 기업의 컬쳐를 표현하는 방법, QR코드를 활용해 제한을 극복하고 온라인과 오프라인 모두에서 컬쳐를 즐길 수 있는 환경을 만드는 것, 마지막으로 상태표시카드와 같은 일종의 특전을 컬쳐 기록물에 포함시켜 활용도를 높인 것이다. 우리 기업의 컬쳐북 제작시에도 해당 부분을 고민해보면 재밌는 기록물을 만들 수 있을 것이다.

30 Big Spaceship

Big Spaceship

Big Spaceship은 조금 특별한 광고 서비스 기업이다. 스스로를 단순히 기록하는 대행사가 아니라 진보를 이끄는 광고대행사라 말하며 고객의 파트너로서 가장 중요한 것은 그들이 더 나아갈 수 있도록 돕는 것이라 선언한다. 이를 위해 전략, 창의성, 제작의 균형을 유지하여 플랫폼의 확산과 함께 진정으로 공명하는 콘텐츠를 만들어가고 있다.

March of the Culture Book

　　Big Spaceship의 컬쳐북은 'our manual'이라 명명한다. 구성원들이 직접 자신들이 일하는 방식을 자세히 설명하는 책을 쓰고 삽화를 그렸으며 업무 수행에 대한 자세한 내용이나 지침은 과감하게 제외했다. 오히려 팀으로서 그리고 회사로서 Big Spaceship이 결정을 내리는 방법을 공유한다.

　　Our manual의 표지에는 글자가 없다. 대신 3가지 심볼, 눈과 불, 파도가 있을 뿐이다. 눈은 인간답게 행동한다는 것, 불은 함께 일한다는 것, 그리고 파도는 그들이 계속해서 변화를 추구함을 알려준다. 이는 이 책의 목차와도 동일하다. 참신하면서도 명료하게 독자의 주의를 끄는 표지를 넘기면 '우리 매뉴얼은 당신 것입니다. 읽고, 나누고 바꾸고, 수심 깊은 곳에서 수영할 때도 챙겨 가세요(Our manual belongs to you. Read it. Share it. Change it. Keep it close when you swim into the deep water.)' 라는 재밌는 문구가 나온다. 미국 정서의 유머가 적절하게 녹아서 한번 더 돌아보게 하는 책을 완성한다.

　　Our manual에서 또 하나 눈여겨 볼 부분은 FAQ 이다. 형식적인 FAQ가 아닌 Big Spaceship의 FAQ는 구성원들의 진짜 궁금증을 그들의 목소리로 묻고 있다. 예를 들어, '헤드폰 쓰는 거 인정해주나요?(IS IT COOL IF I PUT ON HEADPHONES?) '이란 질문엔 "물론이죠, 우리 그거 장려합니다" 라고 답변해준다.

　　Big Spaceship의 컬쳐북은 심볼과 유머를 적재적소에 활용하는 것, 자연스러운 FAQ 사용의 중요성을 알려준다. 우리의 컬쳐북을 제작할 때 컬쳐를 나타내는 심볼을 통해 센스 있는 표지를 완성하거나 입사 지원자, 신입 구성원이 정말 궁금해하는 사소하거나 장난스러운 물음에도 대답해보자. 어쩌면 정말 수영할 때 챙겨갈지도 모른다.

31 IHG

IHG

IHG

    IHG는 인터콘티넨탈호텔그룹의 약자이다. IHG그룹은 영국에 본사를 둔 세계 최대 규모의 호텔회사로, 전 세계 100개 국가 이상에서 6028개 호텔 체인을 운영하고 있다. 특히, IHG는 한국이 2025년까지 아시아·태평양 지역에서 세 번째로 많은 여행객을 배출하는 시장이 될 것이라 말하며 한국에서도 인터컨티넨탈, 홀리데이 인, 홀리데이 인 익스프레스 등 3개의 브랜드를 운영 중이고 추가적인 성장 계획을 수립 중이다.

IHG의 컬쳐북, IHG Employer Brand는 강렬한 붉은색의 테마로 이루어져 있다. 표지 타이틀의 아래로는 IHG에 속한 다양한 호텔 체인 브랜드들을 나열하면서 우리가 누구인지를 확실하게 알려준다.

기업이 구성원들에게 어떤 이점을 제공하는지 소개할 때의 목차도 인상적이다. 단순히 첫번째는 이거, 두번째는 저거, 로 말하지 않는다. 호텔이라는 기업의 특성을 확실히 이용하여, Room to have a great start/ Room to be involved/ Room to grow/ Room for you 처럼 각 항목에 Room이라는 단어를 넣었다. 객실을 표현하는 뜻과 추상적인 '공간'이란 의미가 동시에 연상되며 구성원들이 소속감을 느낄 수 있는 포인트를 찾은 것이다.

다음으로, 구체적인 수치로 구성원들의 생각을 나타냈다. 94%의 구성원이 우리 회사에서 자부심을 느낍니다라고 자신감있게 나타내는 부분은 물론, 이런 통계자료를 제작하는 목적이 더 좋은 결과를 위해 노력하는 데 필요한 지표라고 말하는 것에선 구성원의 만족을 향한 IHG의 의지를 볼 수 있다.

기업이 속한 업종이 무엇이든 적어도 하나의 특별한 점은 있다. 그 점을 살려서 우리의 목차나 순서를 나타낼 때 사용해보자. 구성원들에게 위트와 함께 특별한 소속감을 선사해 줄 수 있다. 규모가 큰 조직이라면 수치화한 자료를 바탕으로 컬쳐북에 우리의 다음 목표를 기재하는 것도 구성원들을 고취시키는 데에 도움이 된다.

32 현대카드

Hyundai Card

현대카드

현대카드는 세련되고 스타일리시한 브랜딩으로 높은 인지도를 가진 기업이다. 현대카드는 2003년 출시한 '현대카드 M'을 필두로, '현대카드 the Black', '현대카드 the Purple', '현대카드 the Red' 등 고객의 생활 및 환경에 맞춤화된 다양한 카드를 연달아 출시하며 카드업계 내 인지도를 빠른 속도로 향상시켰다. 금융업 기본에 충실하되 단순한 신용카드를 넘어 선도적인 브랜드로 자리잡은 현대카드는 이제 'DIGITAL 현대카드' 선언을 통해 디지털 기업으로의 변화해 가고 있다.

March of the Culture Book

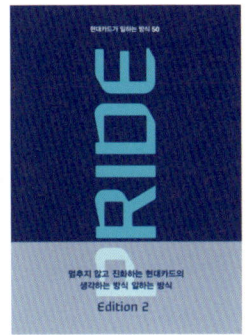

현대카드의 컬쳐가 녹은 워크스타일 가이드북 PRIDE는 실제로 출판까지 된 현대카드 혁신의 비밀이다. 이 책은 기업윤리, 워크스타일, 비즈니스 에티켓의 세 개 테마로 구성되어 있으며 직원들이 알았으면 하는 현대카드의 철학을 상세하게 알려준다.

가장 주목할 점은 기업문화라는 추상적인 개념을 '50가지 일하는 방식'으로 구체화하여 현대카드 비즈니스 성공모델의 객관적인 기준을 제시했다는 점이다. 시간 약속, 책상 정리, 전화 예절과 같이 중요하지만 제대로 정리되지 않았던 것들을 구체적인 예시와 함께 알려주어 새내기 직장인들을 위한 사회생활에 중요한 팁을 알려준다. 특히 과거 현대카드에서 있었던 해킹사건을 '해킹사건 일지'라는 형태로 수정하여 사건 발생 당시의 상황을 생생하게 느낄 수 있게 했다.

기업의 경쟁력은 제품을 넘어 구성원들의 일하는 방식과 생각하는 방식을 아우르는 기업문화가 제대로 정착되었을 때 높아진다. 우리 기업의 기업문화를 컬쳐북에 그대로 쓰기보다는 우리가 일하는 방식으로 구체화해서 설명했을 때 구성원들이 받아들이는 난이도가 낮아진다. 또한, 최근에 일어났거나 중요했던 사례나 사건은 시간 순서대로 무슨 일이었는지 나열하여 그 사건이 우리에게 왜 중요하며 사건을 겪으며 얻게 된 인사이트를 공유하는 것도 도움이 된다.

Appendix

컬쳐캔버스

The Power of
Organizational
Culture

건물을 지을 때 가장 먼저 하는 것은 설계도를 준비하는 것입니다. 이는 건물을 짓는 목적과 형태를 정하고 어떤 모습으로 건물이 지어지는가를 확인하기 위함입니다. 우리 조직을 튼튼하고 멋진 건축물로 짓고 싶다면 그에 맞는 조직문화 설계도가 필요합니다.

이와 같이 당신은 가장 먼저 컬쳐캔버스를 통해 우리 조직의 가치경영, 인재경영, 지식경영을 어느 수준으로 실행하고 있는지를 9가지 영역별로 구조화된 프레임을 통해 작성할 수 있습니다.

컬쳐캔버스는 다음 9가지 요소로 구성되어 있습니다.
Mission, Vision, Product & Service, People Code, Team Spirit, Systom, Work way, Infra Deck, Priority

컬쳐캔버스의 9가지 요소를 채워 가시면서 조직문화를 정리하시고 확장해가시기 바랍니다. 이 작업은 가장 쉽고 빠르게 내부 브랜딩을 정리하고 만드는 방법이 될 것입니다. 이번 컬쳐캔버스 작성을 통해 우리 조직의 상태를 객관적으로 파악하고 무엇을 단계적으로 실행해 가야 하는지 조직문화의 인사이트를 얻어가십시오.

성장하는 조직문화를 만들고 고객가치창출과 더불어 일터에서의 즐거움과 보람 그리고 행복한 일터를 만들어 가시는 조직이 많아지기를 기대합니다.

컬쳐캔버스

조직명　　작성일　　작성자

WHY "우리는 왜 모였는가?"

| Mission | Vision | Product & Service |

HOW "우리는 어떻게 일하는가?"

| Work Way | Infra Deck | Priority |

WHO "우리는 누구인가?"

| People Code | Team Spirit | System |

컬처캔버스

| 조직명 | (주) 고객사랑 | 작성일 | 2023.05.10 | 작성자 | 강다연 센터장 |

Mission
경영자를 도와 비즈니스에 사랑이 넘치게 하자

WHY "우리는 왜 모였는가?"

Vision
- 대한민국 모든 사무실에 하루에 한 번 이상 가인지를 전하자
- 30만명의 캠퍼스 회원
- 3백명의 동료
- 3천명의 성장클럽 회원
- 조직문화 단행본 출간

Product & Service
- 경영자를 위한 영상, 자료 무제한 구독 서비스
  - **가인지캠퍼스**
- 가인지 경영자를 위한 오프라인 모임
  - **가인지 성장클럽**
- 언백배 기업 경영자를 위한 오픈 교육

HOW "우리는 어떻게 일하는가?"

Work Way
- 가인지에서 일하는 사람되기
  (행정동의 원칙, 디브리핑 등)
- 가인지 고서
- 사내용어 설명
- 결제방식과 비용사용 원칙
- 하월사태이와 포빈캔버스

Infra Deck
- 업무와 소통을 위한 툴
  (줌,로우, 구글 캘린더 등)
- 하고라 영상관
- 필독서 시스템
- 업무공간과 공간매니저

Priority
- 장애인과 약자를 위한 우선순위
- 우리가 말하는 사랑이란 무엇인가
- 파트너십 체결기준과 인증
- 보안과 대외 노출 원칙
- 법정 의무 사항과 고용 관련 정부 지원 프로그램

WHO "우리는 누구인가?"

People Code
- 신사장사령 성장법
- 우리의 고객은 어떤 사람들인가
- 우리는 어떤 사람들이고 왜 모였는가
- 역대 가인지 어워드 수상자들
- 조직의 핵심 리더십을 소개

Team Spirit
- 7대 핵심가치
- 가인지 5대 문화
- 플렉스 문화
- 독서모임
- 사랑의 피드백 제도

Systom
- 일하는 방식 자체의 즐거움
- 다양한 역할과 지식에 따른 다양한 수당
- 승진 시스템
- 근무시간, 휴일, 휴게시간, 휴가정책
- 소득원천

컬쳐캔버스

| 조직명 | (주) 사랑유통 | 작성일 | 2023.05.12 | 작성자 | 이현진 실장 |

WHY "우리는 왜 모였는가?"

Mission

브랜드에 행복을 더하는 회사가 되자

(전성성을 가진 브랜드로 새로운 감동을 선사한다)

Vision

독종업계 워너비 회사 1위

Product & Service

- 품질인증 피부미용 상품 300여종
- 당일 배송 시스템
- 친환경 공간설계 & 인테리어
- 매출액 1500억
- 메이저 브랜드 3개
- 사내벤처 5개

HOW "우리는 어떻게 일하는가?"

Work Way

- [커뮤니케이션]
  두괄식과 이앵이 소통을 사용합니다.
- [회의문화]
  감사로 시작해 칭찬으로 마무리 합니다.
- [의사결정]
  우리의 작고 큰 의사결정은 핵심가치에 기반하여 결정합니다.

Infra Deck

- 업무와 소통을 위한 툴 (플로우, 구글 캘린더 등)
- 협력사 정보 및 파트너
- 도서구입 시스템

Priority

- ESG
- 약자 지원 정책
- 법정 의무사항
- 대외적 정책

WHO "우리는 누구인가?"

People Code

- 우리의 인재상
- 인재 사례 스토리
- 핵심가치 수상자

Team Spirit

- 5가지 핵심가치
- 도전 성장 Day
- 타운홀 미팅

System

- 사내벤처 지원시스템
- 특별 포상 문화
- 특별 휴가제도
- 핵심가치 어워드

컬쳐캔버스

| 조직명 | (주) 사랑제조 | 작성일 | 2023.05.13 | 작성자 | 전원호 센터장 |

Mission

건강한 김치를 통해 건강한 행복과 감동을 선물한다.

WHY "우리는 왜 모였는가?"

Vision
남녀노소 누구나 즐겨먹는 우리의 김치
- 연매출 300억
- 해외 5개국 수출
- 구성원 150명
- 마케팅 부설연구소 설립
- 브랜딩 제품 5종, 서브 제품 20여종

Product & Service
- 건강 기능성 인증 김치 20종
- 유아, 성인, 노인 맞춤별 김치 상품라인
- 친환경 김치를 위한 지속적인 연구개발

HOW "우리는 어떻게 일하는가?"

Work Way
- 주간 스프린트 미팅
- 월간 부스팅 미팅
- OKR 파티
- 지식리스트
- 1:1 끝터미팅

Infra Deck
- 10명의 협력 코치
- 5곳의 파트너사
- 업무 툴
- 플로우, 구글 드라이브, 네이버 카페

Priority
- 사람으로 일하는 것은 무엇인가
- 구성원의 안전을 위한 정책
- 대외적 인증, 평가, 수상

WHO "우리는 누구인가?"

People Code
- 우리가 중요하게 여기는 것
- 우리의 현재 모습
- 우리가 달성할 함 모습
- 우리가 해야 할 것

Team Spirit
- 3가지 핵심가치 (사랑, 김치, 소통)
- 연간 문화 캘린더
- 30%에 시작, 빠르게 피드백하는 문화

System
- 체조하는 문화
- 사내 동아리 제도
- 승진 레포트 제도
- 교육비용 지원

Appendix 컬쳐캔버스 279

Appendix

컬쳐북 진단도구

The Power of
Organizational
Culture

탁월한 컬쳐북이 가진
5가지 특성

양식 소개

컬쳐캔버스를 제작하며 100여개 넘는 기업의 컬쳐북을 연구하고 분석하며 알게 된 사실이 있습니다. 탁월한 컬쳐북은 5가지의 특성이 있다는 점이었습니다.

컬쳐북을 제작할 용기를 갖고 컬쳐북을 제작했는데 잘 제작이 되었는지 궁금하시다면 다음 컬쳐북 진단도구, 탁월한 컬쳐북이 가진 5가지 특성을 진단해 보시고 우리 컬쳐북의 강화해야 할 점과 보완해야 할 점을 발견해가시기 바랍니다. 완전한 컬쳐북은 없습니다. 대상과 목적이 다르기 때문에 그렇습니다. 그럼에도 많은 기업들이 공통적으로 고객가치창출을 만들기 위한 노력의 결과물들을 컬쳐북에 담고 있습니다. 탁월한 컬쳐북을 제작한 기업들의 선행지식을 학습하시고 우리 조직의 컬쳐북을 탁월하게 만들어 가시기 바랍니다.

5가지 특성은 아래와 같습니다.

1. [핵심성] 구성원들이 핵심적으로 알아야 하는 내용이 들어 있는가?
2. [구체성] 실행이 얼마나 구체적이고 이것을 보면 구체적으로 따라할 수 있는가?
3. [가시성] 기업의 브랜드 아이덴티티가 디자인으로 표현되었는가?
4. [지속 가능성] 일시적이 아닌 지속가능하고 꾸준히 할 수 있는 것인가?
5. [사회적 가치] 사회적으로도 칭찬받고 용인이 되며 격려 받을 만한 것인가?

우리의 컬쳐북안에는 다음 5가지의 특성이 얼마나 녹여져 있는지 체크해 보실 수 있도록 작성 양식과 해당 특성에 대한 5가지 질문을 준비했습니다.

진단 방법

영역별로 구조화된 5개문항에 대해 답변을 할 때는 각 문항의 지문을 읽고 순차적으로 점수를 표기하면 됩니다. 점수는 1점, 2점, 3점, 4점, 5점중 선택하여 하나의 점수만 표기할 수 있습니다.

[1점은 매우 아니다/ 2점은 아니다/ 3점은 보통이다/ 4점은 그렇다/ 5점은 매우 그렇다]를 의미합니다. 문항의 지문을 읽고 점수를 표기할 때는 우리 컬쳐북의 이상적인 모습이나 과거의 모습이 아닌, 현재의 모습을 기준으로 작성하시기 바랍니다.

최종적으로 나온 항목별 점수를 시각화 할 수 있는 시각적 프레임을 준비했습니다. 가장 높게 나온 특성과 낮게 나온 특성을 작성할 수 있게끔 제작했습니다. 조직의 정당성은 강점을 극대화하고 약점을 무력화하는 것입니다. 가장 높게 나온 특성의 강화해야 할 점과 가장 낮게 나온 특성을 보완해야 할 점을 작성해 보시기 바랍니다.

주의 사항

첫째, 컬쳐북 진단은 컬쳐북의 수준을 평가하는 것이 아닙니다. 따라서 점수가 낮게 나왔다고 실망할 필요가 없습니다. 둘째, 컬쳐북 진단은 우리 컬쳐북의 현재상태를 분석하여 향후 더 나은 컬쳐북을 만들어가는 것에 의미가 있습니다. 따라서 다른 조직의 컬쳐북과 비교하거나 평가하지 않아야 합니다. 셋째, 한꺼번에 모든 것을 바꿀 수는 없습니다. 조직의 시간과 에너지에 맞게 순차적으로 보완해가시기 바랍니다. 넷째, 경영은 종합예술입니다. 이 세상에 100% 만족할 수 있는 도구와 솔루션은 없습니다. 컬쳐북 진단 도구 역시 예외일 수 없으므로 조직에 맞지 않을 수도 있음을 염두하시기 바랍니다.

컬쳐북 진단도구, 탁월한 컬쳐북이 가진 5가지 특성을 통해 우리 컬쳐북의 상태를 객관적으로 파악하고 무엇을 단계적으로 실행해 가야 하는지 인사이트와 적용점을 얻어 가시기 바랍니다.

적용 **탁월한 결책북이 가진 5가지 특성**

- 다음 항목들을 읽고 우리 기업 결책북 언에 해당되는 점수를 체크하십시오.

항목	핵심내용	점수
핵심성	미션과 비전, 핵심가치를 표현했습니까?	
	조직의 인재상과 일하는 방식을 표현했습니까?	
	상품과 서비스를 표현했습니까?	
	문화활동을 표현했습니까?	
	제도와 시스템을 표현했습니까?	
구체성	명확한 가이드라인과 행동 양식을 표현했습니까?	
	실제 사례와 예시를 표현했습니까?	
	구체적인 문구와 용어를 사용했습니까?	
	일관성 있는 디자인과 레이아웃을 사용했습니까?	
	독자와 페이지 번호가 명확합니까?	
가시성	기업의 브랜딩 아이덴티티가 디자인과 일치합니까?	
	결책북이 쉽게 이해되고 사용할 수 있는 디자인입니까?	
	결책북의 목적과 목표에 맞는 디자인과 레이아웃입니까?	
	새로운 시각적 디자인 요소나 양식을 창출했습니까?	
	해당 결책북의 타겟 대상에 맞게 디자인했습니까?	

TALKSHEET

1 (매우아니다) 2 (아니다) 3 (보통이다) 4 (그렇다) 5 (매우그렇다)

항목	핵심내용	점수
지속 가능성	결책북의 목적을 구성원에게 명확히 전달했습니까?	
	결책북 제작에 구성원들이 참여했습니까?	
	결책북의 목적과 활용 방법을 표현했습니까?	
	변화에 대응하여 적절하게 수정되거나 보완할 수 있습니까?	
	지금 당장 결책북을 사용할 수 있습니까?	
사회적 가치	철학과 미션이 사회적 가치를 표현하고 있습니까?	
	제품과 서비스가 사회적 가치를 표현하고 있습니까?	
	즐거움과 행복을 느낄 수 있는 문화를 표현했습니까?	
	사회적 목적을 달성하고자 하는 노력을 표현했습니까?	
	사회적으로 칭찬받고 격려받을 수 있는 내용입니까?	

핵심성	구체성	가시성	지속 가능성	사회적 가치	총점

적용 탁월한 컬쳐북이 가진 5가지 특성

• 다음 항목을 읽고 우리 기업 컬쳐북 안에 해당되는 점수를 체크하십시오.

항목	핵심내용	점수
핵심성	미션과 비전, 핵심가치를 표현했습니까?	5
	조직의 인재상과 일하는 방식을 표현했습니까?	4
	상품과 서비스를 표현했습니까?	4
	문화활동을 표현했습니까?	4
	제도와 시스템을 표현했습니까?	3
구체성	명확한 가이드라인과 행동 양식을 표현했습니까?	3
	실제 사례와 예시를 표현했습니까?	3
	구체적인 문구와 용어를 사용했습니까?	3
	일관성 있는 디자인과 레이아웃을 사용했습니까?	3
	목차와 페이지 번호가 명확합니까?	3
가시성	기업의 브랜딩 아이덴티가 디자인과 일치합니까?	4
	컬쳐북이 쉽게 이해되고 사용할 수 있는 디자인입니까?	4
	컬쳐북의 목적과 목표에 맞는 디자인과 레이아웃입니까?	3
	새로운 시각적 디자인 요소나 양식을 창출했습니까?	5
	해당 컬쳐북이 타겟 대상에 맞게 디자인했습니까?	4

TALKSHEET

1 (매우아니다) 2 (아니다) 3 (보통이다) 4 (그렇다) 5 (매우그렇다)

항목	핵심내용	점수
지속 가능성	컬쳐북의 목적을 구성원에게 명확히 전달했습니까?	3
	컬쳐북 제작에 일하는 구성원들이 참여했습니까?	3
	컬쳐북의 목적과 활용 방법을 표현했습니까?	2
	변화에 대응하여 적절하게 수정되거나 보완할 수 있습니까?	3
	지금 당장 컬쳐북을 사용할 수 있습니까?	3
사회적 가치	철학과 미션이 사회적 가치를 표현하고 있습니까?	5
	제품과 서비스가 사회적 가치를 표현하고 있습니까?	5
	즐거움과 행복을 느낄 수 있는 문화를 표현했습니까?	3
	사회적 목적을 달성하고자 하는 노력을 표현했습니까?	3
	사회적으로 칭찬받고 격려받을 수 있는 내용입니까?	3

핵심성	구체성	가시성	지속가능성	사회적 가치	총점
20	15	20	14	19	88

Appendix 컬쳐북 진단도구 285

TALKSHEET

적용 탁월한 컬처북이 가진 5가지 특성

- 우리 기업 컬처북에 해당되는 점수를 체크한 후, 높은 영역은 어떻게 강화하고 낮은 영역은 어떻게 보완할지 작성하십시오.

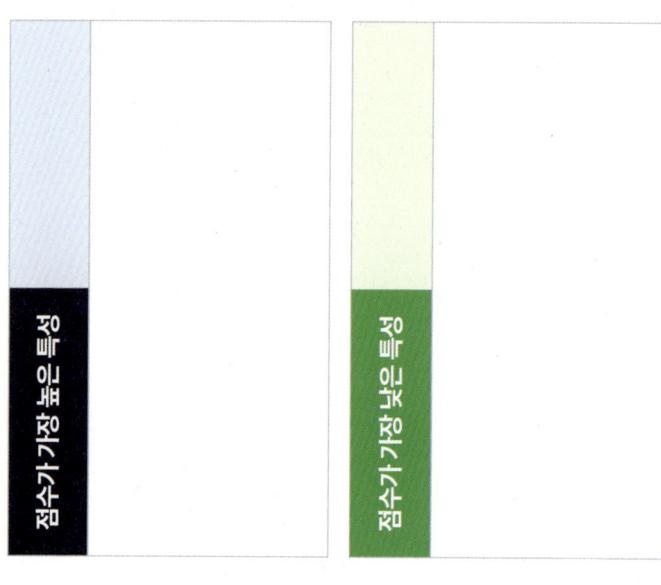

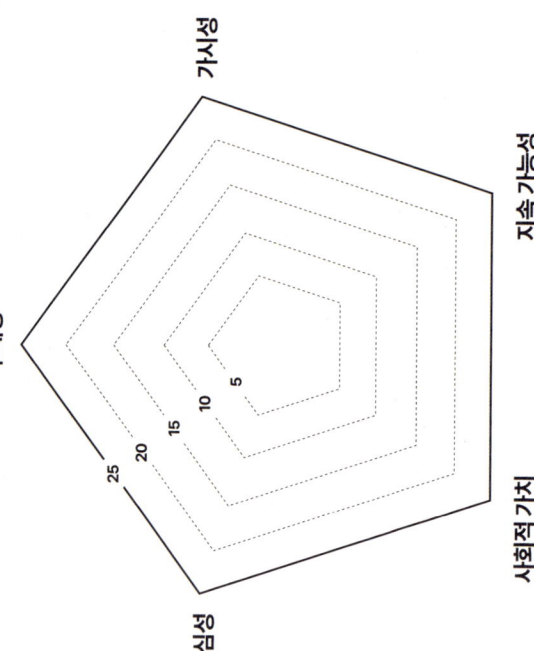

TALKSHEET

탁월한 컬쳐북이 가진 5가지 특성

적용
- 우리 기업 컬쳐북에 해당되는 점수를 체크 후,
  높은 영역은 어떻게 강화하고 낮은 영역은 어떻게 보완할지 작성하십시오.

핵심성

점수가 가장 높은 특성

구성원들이 꼭 알아야하는 핵심내용들을 잘 넣었으며 세부 내용들을 더욱 구체화하고 시각화하여 조직문화를 깊게 인식하고 공감할 수 있도록 돕겠습니다.

지속 가능성

점수가 가장 낮은 특성

컬쳐북에 대한 인식과 공감이 낮습니다. 구성원들과의 소통과 합의가 부족한 채로 제작에 들어갔기 때문이라 생각합니다. 지금이라도 구성원들과 컬쳐북의 목적과 활용 방법을 구체적으로 나누고 공유하겠습니다.

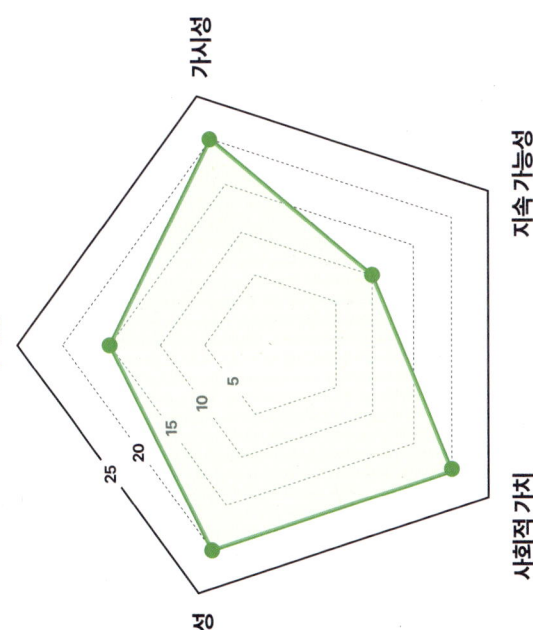

Appendix 컬쳐북 진단도구 287

에필로그

"귤이 회수를 건너면 탱자가 됩니다."

(귤화위지, 橘化爲枳)

춘추시대 말기, 제나라에 안영이란 유명한 재상이 있었습니다. 어느 해 안영이 초나라에 사절로 파견되었습니다. 초나라 영왕은 안영이 재능에 비해 키가 작고 외모가 볼품없음을 비꼬아 말했습니다.

"자네 같은 인물을 사신으로 보내는 걸 보면 제나라에는 인재가 없소?"
안영의 키가 너무 작은 것을 비웃는 영왕의 말이었습니다.
그러나 안영은 태연하게 대꾸하였습니다.

"우리나라는 큰 나라에는 큰 사람을, 작은 나라에는 작은 사람을 보냅니다."

즉, 초나라를 작은 나라라고 돌려 말한 것이었습니다.
얼마 있다가, 영왕은 절도죄를 저지르고 잡혀가는 제나라 사람을 보며 말했습니다.

"제나라 사람은 원래 도둑질을 잘 하오?"

안영이 말했습니다.

"회남의 귤나무를 회북에 옮겨 심으면 탱자가 되죠. 잎사귀는 비슷하지만 열매의 맛은 너무나 다릅니다. 바로 물과 토양의 차이 때문이죠. 저 사람은 제나라에 있을 때는 도둑질이 무엇인지 몰랐는데, 초나라에 와서 도둑질을 하는 것을 보니 이 나라의 풍토가 좋지 않은가 봅니다."

사람은 누구나 재능을 가지고 태어납니다. 그것이 생산적이게 사용되도록 훈련이 되느냐의 문제입니다. 평범한 사람들이 모여서 비범한 결과를 만들어 내기도 하고, 반대로 비범한 사람들이 모여서 평균 이하의 결과만을 양산하는 조직도 있습니다.

MBO, KPI, OKR, BSC, 식스시그마, 아메바경영, 디자인씽킹, 창의성프로세스, 액션러닝, 디지털혁신, 스마트워킹 등 수많은 혁신 활동들이 대한민국의 조직문화에 영향을 미쳤습니다. 앞으로도 새로운 혁신활동 방법론들이 소개될 것입니다.

핵심은 무엇입니까? 그것은 조직문화입니다. 어떤 씨앗도 지력의 한계를 넘지 못합니다. 좋은 열매는 결국 지력이 좋은 땅에서 맺힙니다. 아마추어 농부는 열매와 잎사귀를 보지만 프로농부는 뿌리와 땅에 집중합니다.

그런 점에서 대한민국 조직문화는 이제 뿌리와 토양에 집중할 때입니다. 구성원들은 단기성과와 생산성 개선을 위한 수많은 활동들에 지쳐 있습니다. 경영자는 이제 조직의 지속가능한 성과의 토양을 만드는데 집중해야 합니다.

이미 필립코틀러는 마켓과 조직에서 가장 강력한 리더십은 문화의 힘이라고 안내했습니다. 배달의 민족을 시작한 김봉진 대표 역시 자신들의 가장 강력한 경쟁력은 조직문화라고 말했으며, 토스의 이승건 대표도 '저희가 혁신하는 것은 조직문화 그 자체입니다'라고 말 했을 정도입니다. 넷플릭스 창업자인 리드 헤이스팅스는 '문화와 가치에 기반한 조직은 규정과 매뉴얼에 기반한 조직보다 인재의 성장과 변화 적응에 능동적이다.'라고 말했습니다. '나는 왜 이 일을 하는가'의 저자 사이먼 사이넥은 '사람들을 이끌려면 먼저 'Why'를 말하라'고 조언하고 있습니다. '기업이 원하는 변화의 리더'라는 책에서 변화관리의 8단계를 제시한 존 코터 역시 '사람들을 변화의 대상으로 보지 말고 변화의 주체가 되게 하라'고 조언하고 있습니다.

구성원들을 어떤 존재로 보고 있는가에 따라 사람들을 대하는 목적과 태도, 그리고 리더십의 방법은 전혀 달라집니다. 수많은 경영의 리더들이 공통적으로 하는 이야기는 바로 한가지입니다.

"당신을 따르는 사람들을 있어야 할 곳에 있도록 도와라"

대한민국이 국민소득 3만불의 시대가 되면서 이제는 성실히 일하고 아끼고 빨리 해주는 것만으로는 생산성을 감당할 수 없는 시대가 되었습니다. 이제는 창의적이고 보다 상위 부가가치를 낼 수 있는 개인과 조직이 되어야 합니다.

국가적으로도 그런 사회가 되었습니다. 윗 사람이 시키는 일을 성실히 수행해내는 단계로 우리는 인당 소득 2만불 이상의 국가로 급성장했습니다. 하지만 3만불의 시대를 넘어 4만불 이상의 시대로 가는 과정은 시키는 일을 열심히 하는 조직을 넘어 무슨 일을 해야 될지 스스로 결정할 수 있는 국가가 되어야 합니다. 국가적으로는 'Made in KOREA'에 만족해서는 안되고 'Designed by KOREA' 혹은 'Planned by KOREA'의 시대가 되고 있습니다.

개인도 그래야 합니다. 처음에는 수행하고 만들어 내는 역할에서 설계하고 디자인하는 역할로 이동합니다. 그리고 조직의 리더십의 위치에 오르면 기획하고 이끄는 역할로 이동합니다. 그래야 부가가치를 창출하고 성장하는 것입니다.

열심히 일만 하면 되는 조직이라면 철저한 분업과 동작 관리를 통해서 지휘명령체계를 강화하면 될 수 있습니다. 하지만 전통적으로 청소, 주차, 보안, 임가공 등의 영역에서도 분업과 지휘 방식을 넘는 기업들이 다양하게 등장하고 있습니다. 인간의 노동이 들어가는 곳은 생산성이 올라가고 가치가 상승하고 있습니다. 그렇지 않다면 이미 기계가 그 일을 대체하게 되어 있습니다.

조직문화란 함께 일하는 사람들이 보다 귀한 사람이 되자는 일종의 운동입니다. 우리가 지금은 이런 방식으로 일하고 이런 결과물을 내지만 어떻게 하면 우리의 노동과 일이 보다 더 고부가가치가 될 수 있을지 함께 고민하고 더 나아지자는 제안이자 협력인 셈입니다. 그래서 조직문화는 한 사람이 이끄는 데로 갈 수 없습니다. 그 말이 옳다 하더라도 구성원들이 공감하지 못하고 체화하지 못하면 결국 문화가 될 수 없기 때문입니다. 그래서 한번 형성된 문화는 강력한 힘을 발휘합니다.

경영자는 경쟁력 있는 조직문화를 만들고 싶어합니다. 언더백 기업에서 경영자는 조직문화 그 자체이기도 합니다. 현장의 다양한 사무실과 직원들을 만나 보면 경영자의 행동이나 말투, 혹은 헤어 컬러나 화장법까지 경영자의 스타일로 직원들이 따라하는 것을 볼 수 있습니다. 물론 그들은 그렇다는 것을 인지하지 못하는 경우가 많습니다. 좋은 생활양식과 성품을 갖춘 경영자는 의도하지 않아도 자신과 유사한 조직문화를 만들어 갑니다.

조직의 리더도 마찬가지입니다. 조직에서 리더의 행동은 그대로 따라하라는 의도가 반영된 것으로 간주되어집니다. 그래서 조직문화의 중요성을 아는 경영자와 리더는 스스로 본이 되기 위한 노력을 소홀히 하지 않습니다.

우리 조직은 귤을 탱자로 만들어 버리는 조직문화를 가지고 있는가 아니면 탱자도 귤로 만들 수 있는 강력한 문화를 가지고 있는가는 경영자 혼자만의 책임이 아닙니다. 조직문화 캔버스는 조직문화를 만드는 구체적인 실행 지도를 제안한 것입니다. 우리 주변에는 다양한 조직문화의 영웅들이 존재합니다. 어떤 회사는 사내에 수영장을 두었다는 소식도 들리고, 어떤 조직은 스톡옵션을 직원들에게 선부여하여 부자로 만들어 주었다는 소식, 평가제도를 운영하지 않고 연봉도 모두에게 서로 공개한다는 조직, 사무실을 통으로 터서 모두가 보면서 일한다는 조직 등 부러워보이는 소식들입니다.

하지만 전세계에 수많은 문화가 그들만의 역사와 전통, 혹은 지리적 환경과 가치관에 따라 다르듯이 조직문화도 다양하고 각 기업에 맞게 개발해야 합니다.

콘텐츠와 디자인 중심의 기업의 것을 전통산업과 제조업이 그대로 따라 해서는 안 됩니다. 또한 지역적인 차이, 연령대와 성별, 혹은 경영자의 가치관, 기업의 수익구조 틀 등 다양한 적용 변수들이 존재합니다. 컬쳐캔버스가 9가지의 조직문화의 영역을 소개하고 각 영역에 대한 구체적인 사례와 질문, 그리고 실행 방법을 제시한 것은 그 모든 것을 다 갖추어야 한다고 말 하는 것이 결코 아닙니다. 그것은 다양한 사례들에 대한 일종의 주소를 밝혀 준 것입니다. 이런 영역에서는 이런 방법과 사례가 있으니 참고해 보라는 일종의 훈수입니다. 훈수는 훈수일 뿐 수를 두는 것은 경영자와 조직의 선택입니다.

그럼에도 불구하고 이 책을 통해 제시하는 조직문화 캔버스는 실천적 가치가 있습니다. MZ시대로 대변되는 새로운 가치관의 시대에 인재들을 끌어 모으고 성과를 거듭하는 기업들의 사례들을 통해서 우리는 어떤 조직문화가 새로운 시대에 맞는 것인지 발견할 수 있습니다. 내 주변의 경험과 사례를 통해서만 개발해 가는 것이 아니라 보다 넓은 차원에서 다양한 선택지를 제공하는 것이 이 책을 통해서 독자들에게 전달하고자 한 것입니다. 이 책을 통해서 전달하는 다양한 사례와 방법을 작은 형태로 시행해 보길 권합니다.

틀림없이 적극적으로 수용하고 받아들이는 구성원과 저항하는 구성원들의 역동이 발견될 것입니다. 바로 그 지점이 우리 조직의 조직문화를 발전시켜 갈 지점입니다.

참고자료

1. 밸브

culturebook, 『Valve Handbook for New Employees』, https://www.slideshare.net/, 2013.03.25, https://www.slideshare.net/culturebook/valve-employee-handbook-17696426

2. 비리타

virta, 『Culture handbook VIRTA 02022021』, https://www.virta.global, 2021.02.08, https://www.virta.global/hubfs/Downloadables/Culture%20handbook%20VIRTA%2002022021.pdf

3. 와이어리스비전

wirelessvision, 『2022 WV Culture Book: Simply the Best』, https://issuu.com/, 2023.06.27, https://issuu.com/wirelessvision/docs/digital2022culture_bookfinal/120

4. 엣시

Chad Dickerson, 『At Etsy, our mission is Code as Craft: Building a Strong Engineering Culture at Etsy』, https://issuu.com/, 2022.08.11, https://www.slideshare.net/chaddickerson/code-as-craft-building-a-strong-engineering-culture-at-etsy/24-At_Etsy_our_mission_is

5. 자포스

Zappos Insights, 『2019 Zappos Culture Book』, https://issuu.com/, 2020.04.17, https://issuu.com/zapposinsights/docs/culture-book

6. Ansys

Ansys, 『ansys-culture-book』, https://www.ansys.com, 2021.06.30, https://www.ansys.com/content/dam/company/about/ansys-culture-book.pdf

7. 구글

Laszlo Bock, 『Work Rules!』,https://www.slideshare.net/, 2015.05.12, https://www.slideshare.net/lxbock/work-rules-48029695?from_search=4

8. 아마존

Amazon Web Serevices, 『Culture of Innovation』, https://www.slideshare.net/, 2019.11.13, https://www.slideshare.net/AmazonWebServices/amazon-culture-of-innovation?from_search=3

9. 넷플릭스

Suah Lim, 『넷플릭스의 문화: 자유와 책임(일부 번역본)』, 2023.04.09, https://docs.google.com/presentation/d/1YGWZceP0VVS1z4v4Gis9MjYv7UVN4LWz/edit?usp=sharing&ouid=113747493281366680198&rtpof=true&sd=true

10. 크리테오

CaroleMichaud4, 『Criteo Culture Book』, https://www.slideshare.net/, 2022.04.11, https://www.slideshare.net/CaroleMichaud4/criteo-culture-book?from_search=3

11. ikala

ikala, 『2022-iKala-Culture-Book』, https://ikala.tv/recruit/culture/, 2023.01.16, https://ikala.tv/wp-content/uploads/2022/02/2022-iKala-Culture-Book.pdf

12. AP

Acceleration Partners, 『Acceleration Partners Culture Deck』,https://www.slideshare.net/, 2015.08.18, https://www.slideshare.net/AccelerationPartners/acceleration-partners-culture-deck

13. 브랜디

브랜디, 『2023 BRANDI Culture Deck』, https://www.brandiinc.com/culture/, 2022. 1. 20,
https://docs.google.com/presentation/d/12DkE393FMwfWELqyL4nfUbVZOgNfqBhEOn3qUDvMQWs/edit#slide=id.g20822a8d095_0_0

14. 딜라이트룸

딜라이트룸, 『딜라이트룸 컬쳐덱』, https://team.alar.my/culturedeck, 2022.01.01, https://www.flipsnack.com/FB9BF7CC5A8/delightroom_culture-deck_2022/full-view.html?utm_source=notion&utm_medium=content&utm_campaign=culturedeck

15. 애프터모멘트

창선 박, 『애프터모멘트컬쳐덱』, https://aftermoment.kr/, 2022. 01.01, https://www.flipsnack.com/6A85CEFF8D6/_the-mode/full-view.html

16. 라이너

LINER, 『THE LINER WAY_Culture Deck』, https://liner.oopy.io/work, 2021. 8. 17, https://docs.google.com/presentation/d/1HwdXLgdfmsEhTsflAWReWPiD9-9xxZYljMdHiz6daaU/edit#slide=id.g1980b40463f_0_386

17. 버즈빌

buzzvil, 『220620_[BCC] Culture Book 4.0_B5_out』, https://www.buzzvil.com/ko/blog/view/310, 2022.06.20, file:///C:/Users/%EA%B0%80%EC%9D%B8%EC%A7%80%EB%85%B8%ED%8A%B8%EB%B6%81%2032/Downloads/220620__BCC__Culture_Book_4.0_B5_out.pdf

18. 가인지

가인지, 『가인지컬쳐북_버전1』,https://cafe.naver.com/kbankpower, 2023.02.17, https://www.dropbox.com/s/khxtzdrs3nw5ruh/%EA%B0%80%EC%9D%B8%EC%A7%80%EC%BB%AC%EC%B2%98%EB%B6%81_v1_20230217.pdf?dl=0

19. 토스

『토스문화소개서』,https://blog.toss.im/, 2018.01.29, https://blog.toss.im/article/toss-team-culture

20. 아이디어스 팀 백패커

『백패커 Culturefit』, https://team.idus.com/, 2012.12 , https://team.idus.com/team-idus/culturefit

21. 메이커스 픽사

『픽사메이커스 Artful(컬쳐덱』, https://www.slideshare.net/, 2021.11.24, https://www.slideshare.net/ssuserea593f/artful-250717649,

22. 크래프톤

『크래프톤 피플』,https://www.krafton.com/, 2014.12, https://krafton.com/careers/people/

23. Dharmesh Shah

『The HubSpot Culture Code』, https://network.hubspot.com/?page=1, 2021.06.24, https://network.hubspot.com/slides/the-hubspot-culture-code-1f8v20t3a/17

24. 화해

『컬쳐북 「birdies」vol.5| RE_』, https://blog.hwahae.co.kr/, 2023.02.02, https://blog.hwahae.co.kr/all/hwahaeteam/culture/11719

25. Jacob morgan

『linkedin reveals their culture deck』,https://thefutureorganization.com/, 2015.03.11, https://thefutureorganization.com/linkedin-reveals-culture-deck/

26. 여기어때

『일하면서 행복할 수 있는 여기어때』, https://gccompany.co.kr/, 2022.05.26, https://www.youtube.com/watch?v=gypkNKIRipI

27. 현대글로비스

『현대글로비스 라이프스타일 가이드북』, https://www.wix.com/, 2019. 09, https://glovisculture.wixsite.com/lifestyle-mob

28. Pim de Morree

『Tesla's Anti-Employee Handbook』, https://www.corporate-rebels.com/, 2022.02.16, https://www.corporate-rebels.com/blog/tesla-employee-handbook

29. Kevin Goldsmith

『Building A Strong Engineering Culture』, https://www.slideshare.net/, 2013.11.13, https://www.slideshare.net/kevingoldsmith/building-a-strong-engineering-culture-my-talk-from-bbc-develop-2013?

30. Genuone Sciences

『제뉴원 컬쳐덱』, https://genuonesciences.com/main/, 2023.02.06, https://genuonesciences.com/about/culture-deck/

31.TICKETMONSTER

『티몬생활 게임북』,https://brunch.co.kr/, 2017.02.23, https://brunch.co.kr/@creative/75?ref=blog.greetinghr.com

32. WantedLab

『원티드에 합류하고 처음 3개월 동안 겪는 일』, https://www.wantedlab.team/, 2022, https://www.wantedlab.team/on-boarding

33. BGF

『좋은 친구들이 모인 곳』, https://bgf.recruiter.co.kr/appsite/company/index, 2021, https://bgf.recruiter.co.kr/appsite/company/callSubPage?code1=3000&code2=3200

34. Alicon

『알리콘 자습지』, https://www.notion.so/rocketpunch, 2021, https://rocketpunch.notion.site/aa97098943d2403385258ad975dc3d2e

35. SK telecom 『Code of Conduct』

https://www.sktelecom.com/, 2020.08.26, https://news.sktelecom.com/125149

36. 박창선

, 『한국시니어연구소 컬쳐덱』, https://brunch.co.kr/, 2022.02.21, https://brunch.co.kr/@roysday/596

37. 삼성증권

『7PRINCIPLES』, https://www.rudolph.works/, 2021.05, https://www.rudolph.works/Samsung_7principles

38. 클래스101

『클원호탑승안내서』, https://brunch.co.kr/, 2019.08.06, https://brunch.co.kr/@class101/22

39. HYBE

『HYBE DNA』, https://hybecorp.com/kor/main, 2021, https://hybecorp.com/kor/career/crew/content

40. GrammarAllie

『Grammarly's Culture Code』https://www.slideshare.net/, 2014.01.15, https://www.slideshare.net/GrammarAllie/grammarlys-culture-code-company-values

41. IBM

『Our Values at Work』, https://www.zurich.ibm.com/ , 2017.04.09, https://www.zurich.ibm.com/pdf/hr/Our_Values_at_Work.pdf

43.lululemon

『code of conduct 2022』, https://corporate.lululemon.com/, 2022.10.20, https://corporate.lululemon.com/~/media/Files/L/Lululemon/investors/committee-composition/code-of-conduct-2022-english.pdf

44. Zach Holman

『How GitHub Works』, https://vimeo.com/, 2012, https://vimeo.com/43684882

45. Ben Barry

『Facebook's Little Red Book』, https://facebookcollection.files.wordpress.com/, 2018.10.29, https://facebookcollection.files.wordpress.com/2018/10/facebooks-little-red-book-office-of-ben-barry.pdf

46.Tyler Sean Palmer

『Patreon's Culture Deck』https://www.slideshare.net/, 2017.04.05, https://www.slideshare.net/TylerSeanPalmer/patreons-culture-deck

47.위메프

『2022 웰컴 가이드북』, https://brunch.co.kr/, 2022.03.16, https://brunch.co.kr/@we-branding/42

48. bigspaceship

『bigspaceship:culture』, https://www.bigspaceship.com/culture, 2022.11.01,https://assets.website-files.com/628d47631ab594280248e277/638e39f3d1ffff0b4b871b93_BSS_Manual_2021_.pdf

49.Corriette Lianne (IHG)

『IHG CULTURE CODE』, https://dokumen.tips/, 2014.2.07, https://dokumen.tips/documents/ihg-culture-code.html?page=1

50.현대카드

『PRIDE 현대카드가 일하는 방식 50 Edition』, 이야기나무, 2015.01.30, p.46~47, p.54~55